見方・考え方を鍛える
「中学地理」
大人もハマる
授業ネタ

河原 和之 著

明治図書

まえがき

　私の実家である京都府木津川市の木津駅近くにマフィンを提供するステキなカフェがある。国道24号線沿いにあり，隣は田園地帯だ。カフェができるまでは，冬場の田園は農業従事者以外は，誰も見向きもしなかった。年末に墓参りに行ったおり，たまたま入ったカフェの窓越し
から見える景色が実に素晴らしかった。ときおり走るJR奈良線の列車と田園地帯のコントラストが，店の風情を高め，客のささやかな和みの時間をつくっているようだった。

　カフェと田園そしてJRのつくる見事な空間に「授業」を考えるヒントがあるように思う。「田園を走るJRの列車」という題材には，これまでは，誰も見向きもしなかったが，カフェ，そして美味しいマフィンを介することにより，素晴らしい情景がつくり上げられた。授業では，一つ一つの何ら脈絡のないモノを繋ぎ，関連性を紐解き，「へっ！」「ウソ！」「ホント！」という驚きや知的興奮を与えることが不可欠である。学ぶ場を提供していく教師や教材は，このカフェと同じ役割を担うべきではないだろうか。

　また，この田園とJRの列車を別の視点から見てみよう。この二つは，誰からも忘れられていたものが，カフェとマフィンにより復活したものである。私たちは，目立たない生徒やヤンチャな生徒を，おきざりにしたまま授業を展開してこなかっただろうか？　多少，こじつけがましいが，そんな自問自答をしてみた。

　私は2012年から『100万人が受けたい「中学社会」ウソ・ホント？授業』シリーズを世に出した。そのおり，本来「学ぶ」とは"新たな発見"をし，"知的興奮"を喚起し"生き方"をゆさぶるものでなくてはならないとした。

しかし「学力低位層」や「学習意欲のない」生徒にとっては，「抑圧装置としての授業」になっているのではないだろうかと自問自答した。ここで，ドラマ『塀の中の中学校』の刑務所に収監されている，中学校を卒業していない服役者（千原せいじ）が，学び直す物語を紹介した。「わからない」授業に耐えられず，「俺をやめさせてくれ。もう耐えられない。俺はいじめなどしたことがなかったが，今，俺はいじめをしている。このまま，ここにいたら，どんどんイヤな人間になってしまう」（要旨）と叫び，自殺しようとした物語である。再度，学ぼうとする服役者の気持ちを生かすことができなかった物語の世界が，現実の学校にも，事実として存在することは否めない。いわゆる「できない子」に光をあて，この「カフェ」のようなモノ（授業）があれば救われるのに……と。

　その後，約10年が経過したが，いわゆる「学習意欲」のない生徒への眼差しは，一向に変わらないのではないだろうか？　「主体的・対話的で深い学び」がキーワードになっているが，彼らの「学習意欲（主体性）」は問題視されず，「対話」においても「疎外」されている現状がある。また，「思考力，判断力，表現力等」「見方・考え方」を問う「深い学び」は，「知識」「理解」ですらあやうい彼らにとっては埒外であろう。私は，「学習意欲」のない生徒が活躍できる授業への工夫をライフワークとしており，授業力は，このような生徒により鍛えられてきたと思っている。「できる」生徒だけが主役なのではなく「すべての生徒」が意欲的に参加できる「学力差のない」授業を追究するのがプロとしての教師の"仕事の流儀"であろう。

　本書は「見方・考え方」を軸にすえた授業事例をまとめたものである。「できる生徒」＝「活用・探究」，「できない生徒」＝「習得」ではなく，「すべての生徒」が「思考力，判断力，表現力等」「見方・考え方」である"汎用力"を身につける，そんな授業が広がることを願ってやまない。

河原　和之

目　次

まえがき　3

第1章　100万人が受けたい！
地理的な見方・考え方を鍛える授業のポイント　9

第2章　地理的な見方・考え方を鍛える
「世界と日本の地域構成」大人もハマる授業ネタ　33

1 世界の国々　マクドナルドで世界を見る　34

2 世界の国々　なぜアメリカというの？　38

3 日本の河川　川の長さと流域面積　40

4 都道府県　一級河川と二級河川から都道府県を学ぶ　42

5 都道府県　隣接県の多い県　44

6 都道府県　なぜ福島県の県庁所在地は福島市なの？　46

7 防災・減災　**日本の減災**　48

第3章 地理的な見方・考え方を鍛える「世界各地の人々の生活と環境」大人もハマる授業ネタ　53

1. 世界の気候と生活　なぜヨーロッパはパスタ？　日本はうどん？　54
2. 乾燥帯　鳥取砂丘は砂漠なの？　58
3. 北大西洋気候　キルナの鉄鉱石の輸出港　60
4. イスラム教　イスラム教徒が豚肉を食べないわけ　62

第4章 地理的な見方・考え方を鍛える「世界の諸地域」大人もハマる授業ネタ　67

1. 中国　13億人の胃袋　68
2. 西アジア　産油国の多角化　72
3. アフリカ　チョコレートの裏側　76
4. アフリカ　空飛ぶバラ　80
5. EU　EUはなぜ統合されたのか？　84
6. EU　EUへの加盟，離脱そして課題　88
7. 中・南アメリカ　なぜブラジリアに首都移転したのか？　92

第5章 地理的な見方・考え方を鍛える
「日本の諸地域」大人もハマる授業ネタ　95

1. 中核方式　味深い，奥深い日本酒　96
2. 九州　人口の増えた福岡市と減った北九州市　100
3. 九州　耕地が少ないのに農業生産額が高い宮崎県　104
4. 九州　沖縄で豚，昆布の消費が多いわけ　106
5. 中国・四国地方　らっきょうとカレー　108
6. 中国・四国地方　どうして島根県には"お肌美人"が多いのか　110
7. 近畿地方　古都奈良と京都の景観保護の是非　114
8. 中部地方　魚沼産コシヒカリが美味しいわけ　118
9. 中部地方　日本一豊かな飛島村　120
10. 関東地方　からっ風って何？　124
11. 関東地方　千代田区の人口変化　126
12. 東北地方　青森県でりんご生産が多いわけ　128
13. 東北地方　なぜ三陸沖は好漁場なのか　130
14. 東北地方　東北の未来像を構想する　132

第6章 地理的な見方・考え方を鍛える 「地球的課題」大人もハマる授業ネタ　139

1 地球環境問題　地球温暖化とグローバル化に翻弄される島々　140

2 都市化　都市への人口集中　144

3 持続可能性　リンとナウル共和国　146

あとがき　148

第1章

100万人が受けたい！

地理的な見方・考え方を鍛える
授業のポイント

1 教材誕生の瞬間 〜鳥取県の行列ができるカフェ〜

　鳥取市への講演のおり，現地で会った友人に,「ステキな喫茶店があるから行きませんか？」と誘われた。そこから発掘した教材である。この喫茶店は，大江の郷自然牧場という鳥取市から車で約30分のところにある。中国山地の裾野，山と緑に囲まれた牧場の面積は，約25,000㎡にも渡り，広大なその地で鶏を育てている。実際に訪れて驚いたのは，山中に突然出現した下の写真のカフェだった。席に座るまで約40分待ち。オシャレなカフェには若い男女の客。そして，オシャレなウェイトレスと，厨房では若い青年たちが働いていた。興味を持った私は，さっそく，ウェイトレスに取材を申しでた。

私：『いつもこんなに行列ができるのですか』

店：「今日はまだ少ないほうで，2時間待ちのときもあります」

私：『私が食べているシフォンケーキは，この牧場の鶏が生んだものですか』

店：「朝早く生んだ卵なので新鮮ですよ。1個100円もするのですが，全国からの注文があります」

私：『スーパーで買うと，一箱くらいの価格ですね』

店：「卵かけご飯もメニューにありますので，またお越しください。2015年に全国47都道府県からの来客を達成しました」

＊手渡された「日本経済新聞」2014年1月14日の記事には，以下の"見出し"が掲載されていた。

「自然の恵みあふれる鳥取県大江の郷」
「平飼い鶏の朝採れ"絶品"たまごかけご飯」
「『1個100円卵』に，全国から行列。その秘密は"鮮度"と"栄養成分"」

レストランの隣の「ケーキ店」には，シフォンケーキやバームクーヘンが販売されており，さっそく購入した。鳥取市に戻り，鳥取環境大学の学生に，「大江の郷自然牧場に行ったことがあるか」と聞いてみた。
　「もちろん，行ったことがあります。鳥取市の近くだったら，逆に行かないかもしれません。半日遊べるので，お得感があります」といっていた。
＊ネットで鳥取周辺の観光客数を調べてみると，以下のようである。

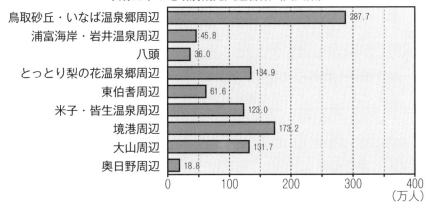

（鳥取県観光交流局観光戦略課「平成28年観光客入込動態調査結果」より）

＊「大江の郷自然牧場」のある八頭の観光客は年間36万人で健闘している。
　鳥取県八頭町は，鳥取駅から車で約30分の山間部にある（地図で確認）。ここに，一棟の鶏小屋を建て，一人で養鶏場をはじめたAさん。「大江の郷自然牧場」はどのように，地域活性化をしたか？

① 飼料は安全第一，地元契約農家の玄米，遺伝子組み換えなしの穀物
② 獲れたての新鮮な魚粉，かき殻などミネラルが豊富なものを使う
③ 飼育方法は大規模化した養鶏場とは異なり，太陽の光が降り注ぐ開放式の鶏舎で"平飼い"している
④ 卵かけごはんをカフェで提供
⑤ 地域の若者を雇用し，オシャレ感を演出している

> ⑥ カフェの隣では，卵を使ったバームクーヘンやケーキを販売
>
> (2019年)

　教材への "驚き" "面白さ" が大切である。その "驚き" が "ねらい" や "知的興奮" と結びつくと授業として成立する。本教材は，地産地消をふまえ，鶏肉・鶏卵の生産（第一次産業），加工（第二次産業），販売（第三次産業）を一手に担う，畜産業の6次化に成功した事例である。また，地方再生と農畜産業の可能性を考える教材でもある。大規模化した養鶏場とは異なり，太陽の光が降り注ぐ開放式の鶏舎で "平飼い" しており，鶏の飼料は，地元契約農家の玄米や獲れたての新鮮な魚粉，かき殻などミネラルが豊富なものを使う。ここから生まれる高価な卵を消費者が購入する行動をとりあげることは，人・社会・地球の今と未来の幸せのために行動する「エシカル」（倫理的）授業である。ここの卵を使用した，サッカーW杯に東京で開店した通称中田カフェも，会計時に24円（アフリカの学校給食1食分）が加算されるという「エシカル」を志向していた。生徒は以下のような感想を書いている。

　「今の日本は，必要なものはなんでもそろう。その中で，ちょっとした贅沢気分を味わい，大事に鶏を育てているところがいい」

　「地元の若者を雇用するという発想がいい。若者の田舎離れをなくし，地域の活性化に繋がるし，カフェに活気がでる」

　「シフォンケーキが食べたい。たまのご褒美だったら高くてもいいと思う。行きたいと思わせる魅力がつまっている」

　「田舎でしかも駅から遠く，観光名所もないところは救いようがないと考えていたが，卵を使って人を呼び込むとは予想ができなかった」

　「何を知るか」「何がわかるか」から「何ができるか」という「参加・参画」「構想」型授業が問われている。

　2016年10月，鳥取県で地震が発生した。その影響で特産の梨が落果し約6,300万円の被害が出た。しかし，鳥取県では復興プロジェクトで，「お守り」「手ぬぐい」と三点セットで「合格まちがい梨」とし受験生を対象に販売した。価格は，「サクラサク」をもじって3,939円である。実にしたたかで，

災害を"笑いとばす"人の強さを感じさせてくれる。地理学習は、気候をはじめとする自然条件から地理的特色を考え、歴史、交通、人口、文化、繋がりなどから事象を分析する。そこには、人の営みが介在している。「合格まちがい梨」は、その端的な事例ともいえる。

本章では、「地理的な見方・考え方」を鍛えるポイントを、5点に整理した。

・位置、分布、場所、自然環境相互依存関係、空間的互依存作用
・「地域」を固有の要素により特徴づける地理的な見方・考え方
・空間的相互依存作用や地域などに着目し主題を設けて課題を追究
・州ごとにとりあげる主題から、地球的課題を考察
・主題を設けて課題を追究・解決したりする活動

位置，分布，場所，自然環境相互依存関係，空間的互依存作用〜オランダの農業〜

中学校学習指導要領には「地理に関わる事象の意味や意義、特色や相互の関連を、位置や分布、場所、人間と自然環境との相互依存関係、空間的相互依存作用、地域などに着目して、多面的・多角的に考察」するとある。「なぜ、そこに位置するのか」「なぜそのような分布傾向を示すのか」を自然地理から明らかにし、人間は自然環境から影響を受けるだけでなく、自然環境に働きかけ、それを変えていくという事実を学ぶ。また、運輸・通信システムが与える影響を考え、他地域や世界との繋がりによる変化を捉える。ここでは「オランダの農業」から地理的な見方・考え方を鍛える事例を紹介する。

◆農産物輸出額世界2位の国オランダ

オランダは、1年を平均すると低温で、日照時間も少ない。国土面積は九州と同じくらいで、農地は国土面積の約半分だ。しかし国土面積の約$\frac{1}{4}$は海面より低く、干拓地となっている。農業には適していない自然条件だが、農民一人あたりの耕地面積は、5.55haで日本の1.7haより多い（2016年）。

クイズ 農産物の輸出額は1,083億ドルだ（2017年）。これは世界何位か？

A 答え アメリカに次ぐ世界第2位

クイズ 農産物の輸入は輸出額のどれくらいの割合か（2015年）？
約1割／約3割／約5割／約7割

A 答え 約7割

◆オランダの自然条件と農業

グループ討議 次の農畜産物でオランダの自然条件に適しているものに○，適していないものに×をつけよう。
米／小麦／じゃがいも／きゅうり／トマト／みかん／バナナ／レタス／バラ／チューリップ／乳牛

〈討議の一部の様子〉
S：「米は気温からして無理」「小麦は」「広い土地が必要」
S：「フランスから輸入すればいい」
S：「じめじめした土地だが，干拓地なので乳牛はいい」
S：「オランダといえばチューリップ」
S：「寒くてもつくれるのはじゃがいも」
S：「みかんは暖かくて山でつくられるイメージかな」

A 答え
○：じゃがいも，きゅうり，トマト，バラ，乳牛，チューリップ
×：米，小麦，バナナ，みかん，レタス

14

◆ EU とオランダの位置と農業

> **❓考えよう** すごい，オランダ！ どんなところか？

S：「小さい国なのに農作物の輸出額が世界 2 位とはびっくり」

S：「自然の特徴をうまく生かしている」

T：『具体的には』

S：「狭い面積で小麦はつくらない」「低湿地が多く乳牛を飼育してる」

T：『施設園芸による花や野菜等の生産も多いです。オランダの特産品トマトには，総ガラスの温室で水と肥料がすべてコンピュータ制御で育てられるものもあります。文字通りの野菜工場です』

S：「やるな！」「でも輸入も多い」

T：『そうですね。これはどういうことでしょう？』

S：「得意なものを輸出して，苦手なものを輸入している」

S：「ヨーロッパ人はじゃがいもをよく食べるので，多く生産し輸出してる」

S：「花類もそう」

T：『日本へもチューリップが輸出されています。EU における位置をうまく利用していますよ』

S：「ユーロポートだ」

T：『国際河川ライン川にある，北極海にも面した EU の港ですね。輸出の約 $\frac{3}{4}$ は，関税がない EU 加盟国への輸出で，隣のドイツへの輸出は約 26％を占めています（オランダ政府資料／2014年）』

＊オランダの食料自給率は約65％である。穀物自給率は20％以下だ（2014年）。EU は域内関税がないので，こうした思い切った専業化ができることを確認する。

　オランダの「位置」は，北海道より北にあるが，暖流の影響で冬は比較的温暖である。「場所」は，国土の約 $\frac{1}{4}$ が干拓地であり低湿地が多く，面積も狭い。しかし，EU の入り口である国際河川ライン川という「交通・運輸」を利用し，自然環境に働きかけ，農業生産に不利な条件を克服している。

第 1 章　100万人が受けたい！地理的な見方・考え方を鍛える授業のポイント　15

3 「地域」を固有の要素により特徴づける 地理的な見方・考え方

「地域」は気候，植生，場所などの自然的要素により特徴づけられるが，歴史的背景にも留意し地域の特色を追究することが大切である。つまり，現在の地域だけでなく，変容してきた，変容していく地域をも視野に入れ，過去，現在，未来を見通す観点も必要である。「どのような地域にすべきか」という未来予測の視点から沖縄の学習について紹介する。

◆沖縄１位，47位クイズ

沖縄の全国都道府県ランキングをクイズで考える。「都道府県別統計とランキングで見る県民性」という HP によると「神社・寺の数」「登山人口（25歳以上）」「うどん・そば外食費用」「大学進学率」など47位が多い（2017年）。１位もあるが，「在日アメリカ人の数」「シーチキンフレーク消費量」など，人によって感じ方の分かれるものが多い（2017年）。特筆すべき１位は「合計特殊出生率」で2015年は，1.94と１位である。沖縄の現状と未来を「うそっ！」「ほんと！」と，クイズから深く考えたい。

沖縄は本土と異なる独自の歴史，文化を持ち，寺や神社が少ない。中国と薩摩藩（日本）との間を生きてきた。沖縄でもっとも標高の高い山は与那覇岳であり，亜熱帯気候のため，スキー，登山，ハイキング人口が少ない。気候条件を生かし，早生スイカは５月に出荷され，キャッチコピーは「一度でいいからこたつでスイカを食べてみたかった（今帰仁農協）」である。

単なるクイズだが，沖縄の自然，歴史や現状だけではなく，「深い」学びに繋がる。「すべての生徒」の授業参加を促し，"学力差"のない授業が可能である。クイズは，「思いつき」で「既習知識」そして「深い学び」に繋がるケースなど，個々の生徒の到達段階により多様な学びが可能である。

◆第二次産業の割合が低いわけ

> 👥👥**グループ討議** 沖縄の第二次産業の割合は，全国平均が約25％であるにもかかわらず，15.1％である（2015年）。なぜか？　以下の4項目から考えよう。
> ① 沖縄の場所などの地理的要因　② 交通・通信的要因
> ③ 米軍基地の存在　④ 1945～1972年，アメリカの占領下にあった

＊討議内容は略。

① 沖縄は本土からも遠く，企業誘致や商品の輸送に困難がある

② 産業インフラの不整備は，当時植民地であった台湾のインフラ整備を優先したことが大きい。台湾では鉄道や大学がつくられている。現在も，高速道路の整備が遅れ，鉄道はモノレールのみである

③ 工業立地に最適な土地に基地がつくられ，企業誘致がやりにくい

④ 日本の高度経済成長期にアメリカの占領下におかれていた。また，1ドル＝360円という輸出に有利な円安の恩恵を享受できなかった。1973年以降は日本に復帰しオイルショックの影響を受けた

＊第二次産業の割合が低い地域，沖縄の特色を多面的・多角的に考察した。考察のキーワードとして「位置」「場所」「歴史」「経済」「交通・通信」に着目した。

◆ジグソー学習～「沖縄の未来」を構想する～

授業のまとめは，ジグソー学習により沖縄の未来を構想する。

〈4項目のエキスパート〉

① 人口増加する沖縄

② 東アジアの中心

③ 豊かな観光資源

④ 基地返還による開発利益

〈エキスパートによる報告例〉

① 人口増加する沖縄（略）

② 東アジアの中心

　沖縄が仲介役になれる。台湾・香港・中国にも近く，東アジアの中心にあるので輸出・輸入の拠点になり経済発展が可能になる。ただ，沖縄観光の目玉であるキレイな海を汚してはいけない。

③ 豊かな観光資源

　沖縄の自然と歴史，そして独特の文化があるので，それを目的とした観光客が増えている。沖縄戦の傷跡も残り，修学旅行で行く学校も多い。東アジアの国々は，海に面しているが，海水浴ができるところは少なく，綺麗な砂浜や海岸，サンゴのある沖縄の美しい海を求めている。

④ 基地返還による開発利益

　元は琉球米軍司令があった「ライカム」は，ブランド品や飲食店，映画館など約240の専門店が入る商業施設で，約3,000人が働いている。

◆まとめ例〜沖縄の未来を考える〜

> 　ネガティブであった沖縄がポジティブに変わろうとしている。本土には遠いが，逆にいえば，東南アジアや台湾に近いということで，新たな貿易ができる。また島が多いということは，観光資源に利用できる。また沖縄戦という痛ましい体験は，世界や日本に戦争の悲惨さと平和の大切さを教えてくれる。そして，基地の返還による経済効果だ。人口増加，合計特殊出生率などが高いことなど，日本が抱える様々な課題とは異なり明るい話題の大きい沖縄である。

　課題や矛盾を視野に入れながら，沖縄の現実を考察し，未来を構想できる地理的な見方・考え方を鍛えたい。

空間的相互依存作用や地域などに着目し主題を設けて課題を追究〜世界の自動車工業〜

「なぜ，そこにそれがあるのか」「なぜ，そこでそれをつく（れ）るのか」を，自然，位置，地形，人口，交通，資源，経済，地域との繋がりなどから分析をする。自動車産業から地理的な見方・考え方を鍛える事例を紹介する。

◆メキシコの自動車産業

> **クイズ** メキシコの自動車生産は世界何位か選ぼう（2016年）。
> 7位／17位／27位

「17位」「27位」に回答が集中する。『答えは7位で，世界の100か国に自動車を輸出しています』と伝えると，「うそっ！」「どうして？」の声。

 なぜメキシコで自動車生産が多いのか。

S：「広い敷地がある」「賃金が安い」
S：「アメリカの会社もメキシコで生産してそう」
S：「アメリカとの距離も近い」
T：『すべて正解ですが，大切な要因が抜けています。国同士で結ぶ，自由貿易協定（FTA）を，多くの国と締結しているのもその要因です。何か国と結んでいますか？』
S：「20」「30」「50」
T：『約50か国と結んでいます（JETRO 資料，2019年）。日本の自動車会社もメキシコで生産するようになりました。なぜでしょうか？』
S：「メキシコから輸出すると関税がかからない」
T：『日本からは，日産，ホンダ，トヨタ，マツダの4社が乗用車の工場をおいています（2018年）。日産は，サッカー中継番組でもスポンサーになっています』

第1章 100万人が受けたい！地理的な見方・考え方を鍛える授業のポイント 19

> **クイズ** メキシコはどんな国と FTA を結んでいるか（2019年）？　国名を答えよう。

・北米：アメリカ，（①）
・EU：EU 非加盟の（②），（③），アイスランド，リヒテンシュタイン
・南アメリカ：ブラジル，アルゼンチン，グアテマラ，エルサルバドル，ホンジュラス，ウルグアイ，メルコスール，（④），（⑤）
・中米：エクアドル，パラグアイ，パナマ，イスラエル
・東アジア：韓国，（⑥）　他

> **A答え** ① カナダ　② ノルウェー　③ スイス　④ ペルー　⑤ チリ
> ⑥ 日本

◆ EU の自動車産業

> **？考えよう** 君たちが EU 諸国で自動車会社をつくる場合，どこの国で生産するか？　次の資料を参考にグループで考えよう。

〈EU 諸国の月額法定最低賃金（2006年）〉

国名	ユーロ	国名	ユーロ
ルクセンブルク	1,503	スペイン	631
アイルランド	1,293	ポルトガル	437
オランダ	1,273	チェコ	261
ベルギー	1,234	ハンガリー	247
イギリス	1,269	ポーランド	234
フランス	1,218	ブルガリア	82
ギリシャ	668		

（欧州統計局 HP より）

S:「ルクセンブルクはないな」「だね！　賃金が高いから」

S:「でもブルガリアで生産しても買ってくれる人がいない」

S:「EUだから輸出できる」「あまり遠いと輸送費がかかるのでは」

S:「賃金が比較的安くて，多くの消費があるギリシャかスペインかな」

T:『スペインは，1986年にECに加盟します。比較的安い賃金だったので，スペインは，ヨーロッパ有数の自動車生産大国になります』

S:「それが冷戦の崩壊で……」

S:「賃金がさらに安い国々の加盟で自動車産業の拠点が移転したのか」

T:『2014年の資料では，スロバニア，ハンガリー，ルーマニア，チェコでの自動車生産が拡大しています（グラフは略）』

S:「スペインは大変だ」

T:『スペインはどうしたのでしょう』

S:「最低賃金を下げた」「他の産業に変えた」

T:『スペインの自動車生産（2016年）は世界10位以内です』

　世界8位で，EUではドイツについで生産が多い。2015年には，生産台数約273万台に対し，輸出台数約227万台と，製造車両の約80％以上が輸出されている。

？考えよう 東ヨーロッパに生産の主役を奪われたスペインは，自動車大国の地位をどうして守ったのか。

S:「エコカーなど環境重視の自動車」「EUは環境を大切にしているから」

S:「すごくオシャレな自動車」「超小型とか」

T:『すべて正解です。価格は少々高めですが，高い品質の小型車などを生産し，安い自動車に対抗しています』

　自動車産業からFTAなど経済的視点，冷戦の崩壊など政治的要因を加味した実践事例である。事象を様々な観点から多面的・多角的に分析する授業を通じて「見方・考え方」が育つ。

第1章　100万人が受けたい！地理的な見方・考え方を鍛える授業のポイント　21

州ごとにとりあげる主題から地球的課題を考察
～ASEANの経済成長～

　学習指導要領解説では「各州の地域的特色を大観し理解することについては（中略）個別の国や小地域の特色を細部にわたって学習することのないようにする必要がある」との記述がある。GNIを基軸にASEANを扱い、習得した知識や見方・考え方が活用され「経済発展」する要因を考察したい。

〈授業事例〉ASEANの経済発展と課題

　東南アジアの人口は、2019年現在日本の5倍にあたる約6億人である。賃金の安さを生かし外国企業を受け入れ、早くから工業化が進んだシンガポールやマレーシア、タイは電気、機械工業を発展させてきた。最近は、さらに賃金の安いベトナムやインドネシアへ工場を移転する企業が増えている。しかし、同じ国でも都市部と農村部の経済格差は、依然として解消されていない。ここでは、ASEANの国々で1人あたりのGDPが高い国々と低い国々の比較を通じて、その国柄と経済発展に必要な要件を考える見方・考え方を鍛える。

◆エピソード：東南アジア

　学習意欲を喚起するために、次のようなエピソードを冒頭で発問する。
① マレーシアの国旗に描かれた、イスラム教のシンボルは？（答えは月と星）→宗教分布
② カンボジアの国旗、中央に描かれている世界遺産は？（答えはアンコールワット）
③ マレーシアの病院のメニュー、インド人、マレー人、中国人はどれか？（答えは鶏のカレー＝インド、鶏の煮込みあんかけ＝中国、羊肉スープ＝マレーなど）→多民族国家
④ シンガポールからマレーシアに車で行くときに、車のある部分が点検される。どこか？（答えはガソリンタンク。シンガポールのガソリンが高い

ので，単にガソリンを入れるためだけにマレーシアに行けないよう，$\frac{3}{4}$以上のガソリンがタンクに入っていないと国境を通過できない）

◆なぜタイは植民地にならなかったか？

　宗主国を確認する。そこで「なぜタイが植民地にならなかったか？」を考えさせたい。国王を中心に国がまとまっていたことと，貿易ができる条件が整っていたことが，その要因である。争いがあり，法的な整備ができていない国，つまり"近代化"が不十分な国々は，貿易がしにくいから，植民地にして力ずくでも国のあり方を変えようとする。また，タイのまわりの国々は，イギリスとフランスの植民地にされ，タイは，その衝突をさけるため，緩衝国とする条約を結んでいたからである。

◆一人あたりのGNI

> **グループ討議** 次のア〜オに当てはまる国名を下記から考えよう。
> カンボジア／ブルネイ／シンガポール／ミャンマー／マレーシア

国名	人口（万人）	GNI（億ドル）	1人あたりの GNI（ドル）
（ア）	561	3,060	54,530
（イ）	42	127	29,600
（ウ）	3,205	3,051	9,650
タイ	6,552	4,117	5,960
フィリピン	10,492	3,835	3,660
インドネシア	26,189	9,344	3,540
ベトナム	9,367	2,069	2,170
ラオス	690	156	2,270
（エ）	1,540	197	1,230
（オ）	5,338	635	1,190

「地理統計」2019年版（帝国書院）

〈あるグループの討議〉

S:「1位はシンガポールだ」

S:「マレーシアの経済発展がすごいから3位かな?」

S:「イはかなり人口が少ないからブルネイでは?」

S:「ブルネイは石油がとれるからGNIは高い」

S:「ブルネイはあまり知られていない国だね」

S:「ミャンマーって誰か軟禁されて解放されたよね」

S:「エ,オがわからない」

〈このグループの答え〉

　ア:シンガポール　イ:ブルネイ　ウ:マレーシア　エ:カンボジア

　オ:ミャンマー

Ⓐ答え　ア:シンガポール　イ:ブルネイ　ウ:マレーシア

　エ:カンボジア　オ:ミャンマー

◆一人あたりのGNIが高い国

Ⓠ発問　一人あたりのGNIが高い,豊かな国はどこの国か?

T:『マレーシアではどんな資源が産出されるでしょう』

S:「天然ゴム」

S:「ブルネイも石油がとれる」「でも経済発展のためには資源より工業では」

S:「マレーシアからの電気製品がよく売られている」

T:『1位はシンガポールで,日本より一人あたりのGNIが高いです』

❓考えよう　シンガポールは小国で,資源もないのに,どうしてGNI
　が高いのか?

S:「安全なのでいろいろな会社がやってくる」「街がきれい」

T:『ゴミのポイ捨てやガムも禁止され,街の景観を守っています。小国で

資源もないので，魅力的で安全な街づくりをすることで多くの企業を誘
致しました』

S：「海もあり貿易もしやすい」

❓考えよう 2位はブルネイだ。GNIが高い理由を地図帳で探そう。

S：「石油が多い」

T：『西アジアと同じで石油によりGNIが高くなっている』

S：「教育費が無料とか？」

T：『医療費も無料です』

S：「いいな」

T：『石油はいずれなくなります。将来に備えブルネイがしているのは？』

S：「工業化」「石油製品をつくる」

T：『それとともにあるものをつくり観光客を集めています。何でしょう？』

S：「国立公園」「クルーズ」「遊園地」

T：『東京ディズニーランドよりも大きいテーマパークと，豊かな自然を体
験できるエコツアーを企画し観光客を集めています』

❓考えよう 3位はマレーシアだ。その理由を考えよう。

T：『マレーシアは過去においてどこの植民地だったでしょう』

S：「イギリス」

T：『植民地時代はイギリスにより特定の産物をつくっていました。何です
か？』

S：「天然ゴム」

T：『プランテーションといいました。過去の輸出品は天然ゴムが中心で自
動車工業の発達とともに増加し，世界最大の生産地になりました。今
は？』

S：「機械類」

T：『機械類とは？』

第1章　100万人が受けたい！地理的な見方・考え方を鍛える授業のポイント　25

S：「電気製品」「自動車」

T：『農作物や資源中心の輸出から工業製品中心に変化しています。パーム油も洗剤やマーガリン，バイオ燃料の原料として注目され，重要な輸出品です』

◆ GNI が低い国

❓考えよう ラオス，カンボジア，ミャンマーの一人あたりの GNI が低い理由について考えよう。

T：『多様な要因で経済発展が遅れています。カンボジアは，次のような人口ピラミッド（略）ですが，何かいびつなところはありませんか？』

S：「15歳末満の人口が多く働く人が少ない」

S：「30歳代がかなり少ない」

T：『カンボジアは生産年齢人口が少ないということでしょうか。30～35歳代が少ないのはなぜでしょう』

S：「一人っ子政策」「戦争があった」

T：『内戦です。1975～1979年のポル・ポト政権による約300万人（諸説あり）の虐殺です。おもに知識人が虐殺されたのも経済発展を阻害しています。また，ミャンマーでは，スーチーを軟禁するような軍事政権が続いていました。これも経済発展を阻害する要因です。他には？』

S：「……」「武器ばかりつくっていたから」「他国が無視する」

T：『スーチーを軟禁する軍事政権に他国が経済制裁をしたのも一つの要因です』

T：『ラオスはどうでしょう？』

S：「資源がない」「工業が発展していない」「海外からくる会社もない」

T：『どうして海外からの会社がこないのでしょう』

S：「賃金は安いのに……」「資源がない」

S：「学校へ行っていない人が多い」「港がない」

Ｔ：『内陸国なので，貿易がやりにくいということもあります』

◆へっ！　こんなことも経済発展に影響するんだ！

> **グループ討議** 中位に位置するインドネシア，フィリピンは，これ
> から経済発展するといわれている。なぜだろう。

Ｔ：『インドネシアには資源があります』

Ｓ：「石油」

Ｔ：『これは経済を潤しますね。他に，東南アジアで１位のことがあります』

Ｓ：「面積」「人口」「島の数」

Ｔ：『インドネシアの人口は２億6,189万人（2017年）で，世界でも４位です。
　　面積と人口は経済発展にプラスに作用します。インドネシアは，人口が
　　多いだけでなく，低所得者が少ないです』

Ｓ：「低所得者が少ないとなぜ経済発展しやすいの？」

Ｓ：「商品の購入をする人が多い」「国の支出が減る」

Ｔ：『購買者が多くなりますね。しかもASEANの中でも賃金が安く，ジャ
　　カルタ郊外に工業団地をつくり労働集約的な工業を誘致しています』

Ｔ：『暗い側面は島国ということかな？』

Ｓ：「日本だって島国なのに経済発展している」

Ｓ：「通勤とかが不便」「製品や原料が運びにくい」

Ｔ：『橋や道路がつくりにくくインフラ整備がやりにくいということですね』

> **❓考えよう** フィリピンは全人口の１割以上がアメリカを中心として海
> 外に出稼ぎに行っている国だ。それにより外貨を稼いでいる。フィリピ
> ンには有力な武器がある。何か？

Ｓ：「日本や中国に近い」「島国」「それはマイナスだって」

Ｓ：「港がある」「インフラ整備ができない」

Ｔ：『台風や地震が多いことはマイナス要因です。しかし，フィリピンはア

メリカの植民地であったことを有効に利用しています』

S：「英語だ」「インドと一緒」

T：『だから，アメリカや日本に出稼ぎに行く人も多いです。また会社の電
　　話窓口であるコールセンターの仕事もしています』

　中学校学習指導要領解説　社会編には各州の大観については，「自然，産業，
生活・文化，歴史的背景などについて概観」との記述があるが，ここでは，
「経済成長」の要因を「自然」「位置」「歴史」「人口」「賃金」「資源」「制
度・政策」「戦争・紛争」など多様な切り口から多面的・多角的に考察する
事例を紹介した。習得知識を身につけるだけではなく，「見方・考え方」を
育て，後の学習に「活用」させることが大切である。

6 主題を設けて課題を追究・解決したりする活動
～都市・村落を中核とした考察～

　中学校学習指導要領では，5つの考察の仕方をもとに，空間的相互依存作
用や地域などに着目して，主題を設けて課題を追究したりする活動を通して，
地理的な見方・考え方を鍛えることが記述されている。ここでは北海道につ
いて「人口や都市・村落」を中核とし考察する。

◆北海道が全国1位の人口??

　北海道の人口は2016年で約540万人である。『北海道の人口が約23万人で全
国47位だったときがあります。さて，いつでしょうか？』と問う。答えは
「1884年」で，約22万8千人であり，北海道が開拓された頃である。その後，
1890年の開拓期に大量流入し急増する。1908年10位，1918年5位，1920～
1941年は，3位になる。『人口で全国1位だったときもあります。それはい
つですか？』という問いは刺激的である。答えは「1945年」で東京をはじめ
とする都市部からの空襲を逃れる疎開で，人口が急増し約352万人になる。
＊1位と47位の人口があった北海道からその歴史が読みとれるのが興味深い。

◆人口減少都市～歌志内と釧路～

　北海道の人口減少都市について考える。歌志内市は，全国の市の中でもっとも人口の少ない市で，2016年の人口は約3,600人である。もとは多く，大正時代には20,000人を突破し，昭和に入っても人口増加はめざましく，1948年には46,000人になる。その後，石炭産業の不振と閉山で過疎化が進み，2007年には5,000人を下回る。エネルギー構造の変化により人口が減少したケースである。ここでは，釧路市を事例に人口減少都市の要因について考察する。

> **❓考えよう**　釧路市は1980年の約22万8千人の人口をピークに2005年は約19万人，2014年は約18万1千人と減少している。なぜ，人口が減少してきたのか？　産業構造の変化からグループで考えよう。

S：「港があるよ」「ほっけとさんまかな」
S：「資料集見て！」「水揚げ量はかなり多い」
S：「パルプって書いてあるから，これは人口減に影響する」
S：「木材の家が少なくなったから？」
S：「輸入材も増えた」「若い人も林業をやらなくなった」
S：「釧路炭鉱ってあるよ」「今，石炭はほとんど掘っていない」
S：「炭鉱夫が失業するから人口が減る」
＊人口減の要因について発表する。釧路市の人口減の要因は，200海里をはじめとする漁業に対する各種規制と，紙パルプ工場の縮小，太平洋炭鉱の閉山によることを確認する。

◆人口増加都市～ニセコと音更～

　リゾート都市として知られるニセコ町の人口は増えている。2000年の国勢調査では約4,500人だったのが，2016年1月は5,065人である。

> **❓考えよう**　ニセコ町の人口は，1955年に人口のピークをむかえ，80年代に半減したが，近年は少しずつ増えている。2006年から3年連続，地

価上昇率は全国1位である。なぜ人口が増えているのか？

S：「観光地だから人がいっぱいくる」

T：『観光客が多いとなぜ人口が増えるのでしょうか』

S：「お土産屋などで働く人が増える」

S：「ホテルの従業員とか」

T：『ニセコはどんな観光地でしょう？』

S：「スキー」

T：『ということは夏場は観光客がこないのではありませんか？』

S：「登山」

T：『何という山でしょう？』

S：「羊蹄山」「ゴルフもできるのでは？」

T：『涼しいところで，ゴルフはいいですよね。夏は，カヌーやラフティング，釣りもできます』

S：「夏も冬も通年でできるんだ」

T：『外国人の観光客も多いです。自国ではスキーができない季節に北海道でスキーができます。どこの国でしょう？』

S：「オーストラリア」

T：『どうしてオーストラリアのスキー客が多いのでしょうか？』

S：「季節が逆だから」

S：「オーストラリアが夏のときは日本が冬でスキーができる」

T：『北海道でなくても他にスキー場はあるのでは？』

S：「札幌まで飛行機が飛んでいる」

S：「雪の質がいい」

T：『北海道の雪はアジア大陸との距離も短く，湿気をあまり含まないのでサラサラなんですね。これまではオーストラリア人は欧米に行っていました。欧米のマイナス面は？』

S：「遠い」

Ｔ：『時差はどうですか？』

Ｓ：「けっこうある」

Ｔ：『飛行機で７〜８時間。日本とオーストラリアの時差は約２時間です。2001年９月11日の同時多発テロも大きく影響しています』

Ｓ：「日本はテロが少ない」

Ｔ：『テロを恐れたオーストラリア人スキーヤーが，テロの危険性のある欧州・米国からニセコにスキー場を切り替えたことも要因です。最近は，アジア地域からも注目されています。観光客が増えると，ホテル，スキー場の従業員など，仕事が保障され人口が増加するのです』

＊ニセコ町のリゾート化が町の国際化にどう寄与しているかを考えさせたい。

　「外国人住民は？」「アジア地域の人々は増えているのか？」「役場に外国人職員は？」などの疑問がでる。外国人住民は395人で住民の約８％（2019年３月）で，中国・韓国からの移住も増えている。また，役場では，アイルランド，ドイツ，中国，アメリカなどの国際交流員が働いている。観光を起爆剤にしながら，人口減少に歯止めをかけ，国際化にも対応している。

　他都市の人口増加の要因について考える。音更町は，1970年は約24,000人であったが，1990年約34,000人，2000年約39,000人，2010年約45,000人と増加している。この町はベッドタウンだが，小麦と小豆の収穫量も多い。地域農作物を生かした食品製造業（地産地消）が盛んである。札幌はいうまでもなく人口急増都市である。北海道の約36％の人口を占め，道内からの移出者も多い。企業の本社の移転などもあり，一極集中が進んでいる。

　「人口や都市を中核とした考察」について紹介したが，地域の特色は，様々な事象が結びつき，有機的に関連していることを理解させることが大切である。人口の増減は「位置」「場所」「産業構造の変化」「エネルギー政策」「国際情勢」や「行政政策」などの多様な要因から変動していくことを捉えさせる。また，ニセコの人口増に見られるように，地域の持続可能な街づく

りをふまえた視点も重要であろう。

参考文献

- 行田稔彦『いまこそ，沖縄』（新日本出版社）2014年
- 高橋伸夫，井田仁康『面白いほど世界がわかる「地理」の本』（知的生きかた文庫）2012年
- 宇田川勝司『なるほど日本地理』（ベレ出版）2014年
- 地理教育研究会『知るほど面白くなる日本地理』（日本実業出版社）2016年
- 山﨑朗，久保隆行『東京飛ばしの地方創生』（時事通信社）2016年
- 『読売新聞』2017年1月19日

第2章

地理的な見方・考え方を鍛える
「世界と日本の地域構成」
大人もハマる授業ネタ

世界の国々

マクドナルドで世界を見る

1 地理的な見方・考え方を鍛えるポイント

　主な国々の名称と位置を，地理学習の基礎・基本としてくりかえし定着させる必要がある。生活の中で生きて働く知識という観点から，また，扱う国が一部の地域に偏ることがないようにとりあげることが大切である。本稿では，マクドナルドを切り口に，世界の国名と位置だけでなく，「人口」「経済」「文化」「歴史」など，多面的・多角的に考察する。

2 展開と指導の流れ

1　マクドナルド店舗数ベスト10

　世界白地図をグループに一枚配布。

> **クイズ**　マクドナルドは世界約120か国・地域に約30,000店を展開している（2010年）。店舗数の多いベスト10をグループで考えなさい。

〈あるグループの話し合い〉
S：「まあ，アメリカだね」「日本も多い」
S：「人口が多く経済成長してきた中国」
S：「面積の広いロシア」「EUの中心のドイツ」
S：「韓国は？」「フランスもオシャレな店が多そう」
＊本グループの回答：アメリカ，日本，フランス，ドイツ，フランスなど。
＊マクドナルド店舗数ベスト10（2010年）を，もったいつけながら発表し，白地図に記入させる。

34

Ⓐ答え

1位 アメリカ（13,381店）	2位 日本（3,686店）
3位 カナダ（1,400店）	4位 ドイツ（1,361店）
5位 イギリス（1,250店）	6位 フランス（1,161店）
7位 中国（850店）	8位 オーストラリア（730店）
9位 ブラジル（560店）	10位 イタリア（392店）

2 店舗数から見える世界

❓考えよう この10か国のうち，ここ20年間で飛躍的に店舗数が増えたのはどこか？

S：「人口が多くて，経済成長した中国」

T：『中国は2001年は430店でした。10年間で850店になっています』

S：「最近経済が成長したのでブラジルでは」

T：『ブラジルにはそう変化はありません。答えはドイツです。それは，なぜですか？』

S：「EUの中心になったから」

T：『ドイツは1989年に大きい出来事がありました』

S：「ベルリンの壁の崩壊」

T：『つまり，冷戦後，以前東ドイツ側だった地域で大幅に増えています』

S：「ロシアは面積も広いし，店舗数も多いように思うのですが……」

T：『元は社会主義国でアメリカと冷戦関係にあったので，270店舗です。ただ，世界一大きい店舗があります』

＊白地図のロシアに記入する。

第2章 地理的な見方・考え方を鍛える「世界と日本の地域構成」大人もハマる授業ネタ 35

3　マクドナルドがない国

?考えよう　マクドナルドがない国もある。どこの国か？

S：「アメリカと仲の悪い国だ」「北朝鮮」

T：『他に仲が悪い国は？』

S：「イラン」

T：『イランだけではなく中東の地域にマクドナルドはありません。でも，
　　仲のいい，サウジアラビアには60店，イスラエルには153店もあります。
　　サウジアラビアでは，お店は一日5回閉店しますが，なぜですか？』

S：「お祈り？」

T：『そうですね。メッカに向かって礼拝します。また，男女のカウンター
　　は別々になっています』

＊アイスランド，ネパール，ブータン，ベトナム，ラオス，カンボジアなど
　にもない（2010年）。

T：『ベトナムにはなぜないのでしょう』

S：「以前，ベトナム戦争で戦った相手だから」

S：「ベトナムって，美味しい食べ物が屋台で売られている」

T：『路上で安い屋台料理が食べられるのに，マクドナルドまで食べにいか
　　なくてもいいという気持ちです。南アメリカのボリビアには，一度，進
　　出しましたが，同様の理由で撤退しています』

＊この項にでてきた国名を白地図に記入する。

4　マクドナルドがほとんどないアフリカ

?考えよう　マクドナルドがほとんどないのはアフリカ。マクドナルド
がある国は，わずか3か国。さて，どこの国か，グループで考えよう。
　Aグループの答え：エジプト／ケニア／エチオピア
　Bグループの答え：南アフリカ共和国／ナイジェリア／エジプト　など

> **Ⓐ答え** エジプト／アルジェリア／南アフリカ共和国（2010年）

T：『アフリカにはなぜ，マクドナルドが少ないのでしょうか』

S：「買う人が少ないから」

S：「そんな贅沢ができるお金がない」

T：『つまり，所得の少ない地域へは，まだまだ進出していないということですね』

3 ＋αの展開例

　「マクドナルドが1店舗の国」を考える。マクドナルドが，わずか1店舗しかない国は121か国中，12か国である（2010年）。そのうち一つはモナコである。この国は，世界でもっとも人口密度の多い国で1km²に約19,000人が住んでいる（2015年）。東南アジアのブルネイは，石油資源の豊かな国で，今後，増えていく可能性もある。

参考文献

・河原和之，馬場一博著／授業のネタ研究会中学部会編『授業がおもしろくなる 21中学授業のネタ社会④ 地理』（日本書籍）2003年

第2章　地理的な見方・考え方を鍛える「世界と日本の地域構成」大人もハマる授業ネタ　37

世界の国々

なぜアメリカというの？

1 地理的な見方・考え方を鍛えるポイント

　国名を単に覚えるだけの学習にならないよう，人物名，山や川などの地形名などに由来する国名に着目し，生徒の関心をひきだす活動が大切である。

2 展開と指導の流れ

1 何でこんな国名？
＊4～5名程度のグループを8チームつくる。

> **クイズ** 次は国名の由来に関することです。グループで①～⑪の番号にあてはまる国名を選択した後，そこから9つの国名を記入し，ビンゴにしよう。

・1503年，アメリゴは3回の航海で（ ① ）は新大陸であると発表した
・囚人を護送したマーシャル船長から（ ② ）諸島という地名がついた
・探検家は，その国の印象で国名をつける。「赤道」という国名は（ ③ ）である
・先住民の地名が国名に転化したもの。「村落」という国名は（ ④ ）である
・同様に「大河川」は（ ⑤ ）である（諸説あり）
・19世紀，清は「越南」を（ ⑥ ）と命名した
・スペインのフェリペ王の地ということから（ ⑦ ）との国名になった
・風土や景観から「白い山」はケニアであり，（ ⑧ ）は「山国」を表す
・アラビア語の地名として，「国家」は（ ⑨ ）である（諸説あり）

- 独立を堅持したことから「自由」という国名がついたのは（ ⑩ ）である
- インドから分かれた「ムスリムだけの清らかな国」は（ ⑪ ）である

マレーシア／イタリア／アメリカ／フランス／エクアドル／エジプト／シリアコンゴ／マリ／ガーナ／チリ／ニュージーランド／イギリス／ベトナム／フィリピン／カタール／タイ／パキスタン／マーシャル／カナダ／リベリア／ロシア／メキシコ／スリランカ／ブラジル／パラグアイ

Ⓐ 答え
① アメリカ　② マーシャル　③ エクアドル
④ カナダ　　⑤ パラグアイ　⑥ ベトナム
⑦ フィリピン　⑧ マレーシア　⑨ カタール
⑩ タイ　　　⑪ パキスタン

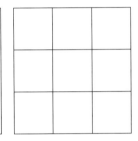

2　ビンゴゲーム

- 1（A）から11（J）までのトランプを用意し，グループの代表者がカードを選ぶ。最後の9枚目は教師が選ぶ
- 最初にビンゴが揃ったグループは「20点」，2番目は「10点」
- 「最後に揃ったビンゴの数」×5点をプラスし，合計得点を競う

3　＋αの展開例

国名の由来から見えてくる，その国の文化や歴史について確認する。

＊参考文献，蟻川明男氏の解説文をもとに，著者がクイズ化した。

参考文献
- 地理教育研究会編『地理授業で使いたい教材資料』（清水書院）2014年

第2章　地理的な見方・考え方を鍛える「世界と日本の地域構成」大人もハマる授業ネタ　39

日本の河川

川の長さと流域面積

1 地理的な見方・考え方を鍛えるポイント

「位置や分布」「場所」などから、「規則性」「傾向性」に留意した地理的な見方・考え方を鍛える。本稿では、「日本の川」を単に覚えるだけでなく「長さ」「流域面積」と「地形」の関係から捉える学習を紹介する。

2 展開と指導の流れ

1 長さと流域面積ベスト5

🔍**探す** 次の表は、2015年の日本の川の長さと流域面積のベスト5である。ア〜オにあてはまる河川名を考えよう。
〈ヒント〉イ 北海道地方　ウ 東北地方　オ 中部地方

	長さ	流域面積
1位	（　ア　）　367km	（　エ　）　16,840km²
2位	利根川　322km	石狩川　14,330km²
3位	（　イ　）　268km	信濃川　11,900km²
4位	天塩川　256km	北上川　10,150km²
5位	（　ウ　）　249km	（　オ　）　9,100km²

Ⓐ**答え** ア 信濃川　イ 石狩川　ウ 北上川　エ 利根川　オ 木曽川

2　流域面積って何？

クイズ 日本の川の流域面積を合計すると，どのくらいの広さになるか？

　　　　A 日本の面積とほぼ同じ／B 面積の$\frac{2}{3}$／C 面積の$\frac{1}{2}$

Ⓐ答え A 日本の面積とほぼ同じ

　流域面積とは，降った雨がその川に流れ込む範囲である。従って，島国日本の雨水（川の水）は，すべて海に流れている。

3　長い川がない西日本

❓考えよう 長い川のベスト10は，すべて東日本にあります。なぜ，西日本には長い川が少ないのか。

S：「陸地の幅が狭い」
T：『確かに，少し狭いですね』
S：「東日本には，高い山があるから，長くなる」
S：「山から海岸までが遠い」

3　＋αの展開例

　淀川は長さが短い（67位／2015年）にもかかわらず，流域面積は全国7位である。なぜ，淀川は流域面積が広いのか。山に囲まれた琵琶湖とその周辺，つまり滋賀県のほぼ全域が淀川の流域面積になるからである。

参考文献

・河原和之『大人もハマる地理』（すばる舎）2013年

都道府県

4 一級河川と二級河川から都道府県を学ぶ

1 地理的な見方・考え方を鍛えるポイント

　一級河川と二級河川の違いを，都道府県の位置や山地との関連で有機的に考察する地理的な見方・考え方を鍛える。

2 展開と指導の流れ

1 一級河川と二級河川

　一級河川は，生活用水や飲料水，産業用水や産業用輸送に使用される国が管理している河川であり，全国に109水系ある。二級河川は比較的流域面積が小さく，都道府県が管理している河川である。

2 一級河川しかない都道府県

グループ討議 全国には一級河川しか流れていない都道府県が7県ある。地図帳を見て何県か考えよう。

S：「面積の広い県は一級河川しか流れていないのでは？」
S：「北海道かな？」
S：「でも山が海岸の近くにあれば，短い川があるはず」
S：「(北海道の地図から) 日高山脈から流れる豊似川とか，元浦川とか短い川がいっぱいある」
S：「長野県は，高い山もあり，海にも遠いから一級河川しかないのでは」
S：「日本列島の中央にある都道府県には，一級河川しかない」

S:「長野県の隣の岐阜県だ」

S:「近畿地方では奈良県も山があって海まで遠い」

S:「長野，岐阜，奈良といえば，海がない県では」

S:「(全国地図を見ながら) 埼玉，群馬，栃木，滋賀と長野，岐阜，奈良だ」

S:「でも山梨県も，海なし県では？」

S:「ってことは8県になるよ」

＊山梨県は，内陸県であるにもかかわらず，二級河川もある。その理由について以下のことを説明する。

　海に面していない内陸を流れる河川は，結果的に複数県にまたがり，海までの距離が長いため，一級河川のみが流れている。山梨県は内陸県だが，二級河川もある。理由は，海にも近く，富士五湖等の湖があるためである。

3　＋αの展開例

　「二級河川のみの県」は一県のみである。日本全図を見ながら考えさせたい。東西の幅が10〜20km程度の「沖縄県」である。

参考文献

・河原和之『大人もハマる地理』(すばる舎) 2013年

都道府県

隣接県の多い県

1 地理的な見方・考え方を鍛えるポイント

　都道府県の名称や位置を単に覚えるだけでなく，思考力，判断力，表現力等を働かせながら名称と位置を学ぶ学習を展開する。本稿では，隣接県に着目しながらの都道府県学習の事例を紹介する。

2 展開と指導の流れ

1　長野県の隣接県

＊10分程度，日本地図を観察する。特に中部地方を中心にする。

> **グループ討議**　（地図帳を見ないで）長野県に隣接する県をすべてあげよう。

S：「へっ！」「まず，岐阜！」「静岡」「群馬」「山梨」「……」
S：「富山とは隣接している」
S：「5つかな？」
T：『長野県は8県と隣接しています』
S：「へっ！8県だって。あと3県だ」
S：「新潟では」「他にあるかな？」「わからない」
T：『地図帳を見て確認してください』
S：「愛知とわずかに接している」「埼玉もだ」

2 岐阜県と埼玉県の隣接県

🔍**探 す** 地図帳を開いて，7都道府県と接している都道府県を2つ探そう。

S：「中部地方かな」

S：「内陸県の山梨は」

S：「埼玉」「静岡」「神奈川」「東京」「長野」

S：「なかなかいい感じ」

S：「5県か？」

S：「じゃあ埼玉だ」

＊千葉，東京，神奈川，山梨，茨城，栃木，群馬の7都道府県である。

S：「もう一つは？」「岐阜は？」

S：「滋賀」「福井」「三重」「長野」「富山」

S：「石川」「福井」

S：「やった！」

3 ＋αの展開例

　応用問題として，「岐阜県」「埼玉県」のどちらにも隣接していない中部・関東地方の都道府県を考えさせたい。「新潟」「静岡」「神奈川」の3県である。この課題は，正確な日本地図が頭に入っていないと解けない問題である。授業でもいいが，定期テスト問題で出題してもいいだろう。

参考文献

・河原和之『大人もハマる地理』（すばる舎）2013年

第2章　地理的な見方・考え方を鍛える「世界と日本の地域構成」大人もハマる授業ネタ　45

都道府県

6 なぜ福島県の県庁所在地は福島市なの？

1 地理的な見方・考え方を鍛えるポイント

　都道府県の県庁所在地を単に覚えるだけの学習活動にならないよう，歴史的背景など多様な観点から考察する地理的な見方・考え方を鍛える。

2 展開と指導の流れ

1 都道府県の県庁所在地は？

　廃藩置県のころ，当初は，3府302県もあり，それを現在の47都道府県にした。一問一答で，都道府県の県庁所在地をテンポよく発問する。
　『北海道』「札幌」『宮城』「仙台」『三重』「津」……など。

❓考えよう なぜ鹿児島県の県庁所在地は鹿児島市なのか？

S：「県がつくられたときに一番人口が多い都市が鹿児島市だったから」
T：『そのときの県庁所在地は，通常は石高の多い藩の城下町だったのです』
S：「えっ！　例外があるの？」

2 福島市が県庁所在地になったワケ

　福島でもっとも石高が多かったのは，会津若松で23万石だったが，福島藩はわずか3万石だった。

❓考えよう 福島藩の石高の方が低い。なぜ，県庁所在地になったのか。

S：「会津若松に反対する人が多かった」

S：「なぜ，反対するの？」「……」

T：『反対したのは，維新政府です。会津藩は，明治維新のときどんな立場だったでしょうか？』

S：「維新政府に反対していた」

T：『戊辰戦争で，幕府側として戦って敗れましたね。そのような藩は，"報復" 処置で県庁所在地とはされなかったのです』

❓考えよう 幕府方の山形県，岐阜県，滋賀県，三重県でも同じようなことが行われた。それぞれ，石高（人口）の多い藩は何という藩だったのだろう？

S：「（山形の人口資料から）山形，鶴岡，酒田，米沢の順番（2018年）になっているが……」

T：『むしろ米沢藩や酒田藩の石高が多かったですが，同様の理由で山形市が県庁所在地になっています』

＊三重県の桑名市が，東北越列藩同盟の中心であり津市が県庁所在地に，同様に，岐阜県大垣市や滋賀県彦根市も "報復" 処置がとられた。

3 ＋αの展開例

　横浜市は開港してからも，人口が多い都市でもなく，小田原や鎌倉という大きな都市があったが，にもかかわらず，県庁所在地になったのは，開港後，外国人が住み活性化する可能性があったからである。という意味では，新潟，長崎，神戸も同様である。

参考文献

・現代教育調査班『教科書には載っていない日本地理の新発見』（青春出版社）2018年

第2章　地理的な見方・考え方を鍛える「世界と日本の地域構成」大人もハマる授業ネタ　47

防災・減災

日本の減災

1 地理的な見方・考え方を鍛えるポイント

　自然災害と防災への取り組みなどをもとに，日本の自然環境に関する特色を理解する。我が国の地形や気候と関連する自然災害と防災への取り組みをとりあげることで，日本全体の視野から日本の自然環境を大きく捉える。また，自然災害については，消防，警察，海上保安隊，自衛隊をはじめとする国や地方公共団体，地域の人々やボランティアなどが連携して人々の生命や安全の確保のために活動していることにも触れる。本稿では，「災害リスク世界4位」の日本が，災害に遭う確率に加え，被害を拡大させる政治，経済，社会構造などを加味して，災害にどの程度遭いやすいかを評価する「世界リスク指標」（WRI）が17位であること（いずれも2016年）から，日本の減災に向けた取り組みと世界へのリスク対策について考える。

2 展開と指導の流れ

1　災害国日本

> **クイズ** 2016年8月国連大学が災害による被害軽減のための方策を提言する「世界リスク報告書」を公表している。報告書内では「地震」「台風」「洪水」「干ばつ」「海面上昇」の自然災害に遭うリスクも発表した。残念ながら日本は10位以内である。日本の災害への遭いやすさは171か国中何位か？

> **Ⓐ答え** 4位

「災害への遭いやすさ」1位は，バヌアツで，以下トンガ，フィリピンで日本は4位である。5位がコスタリカで，ブルネイ，モーリシャス，グアテマラ，エルサルバドル，バングラディシュ，チリ，オランダと続く。授業では，それぞれの国の位置を確認し，どうして災害が多いかを交流する。

2 なぜ日本は世界4位なのか

> **グループ討議** 日本は世界4位と「災害への遭いやすさ」が高いのか？ 「地震」「台風」「洪水」「干ばつ」「海面上昇」の5つのグループに分かれて考えよう。

＊方法としては，10段階で危険度を示し，ホワイトボードに書き，プレゼンをする（（ ）内が危険度）。

〈発表例〉

【地震】（10）：日本は世界でも有数の地震大国であり，江戸時代にも大きい地震が起こっている。特に，阪神・淡路大震災，東日本大震災は多くの死者をだした。

【台風】（10）：室戸，伊勢湾台風など多くの被害をもたらしたものも多い。最近は，台風の回数が多いのが気になるが，温暖化の影響だといわれている。2018年には，東から西へと変わった経路の台風や，大型台風が増えた。

【洪水】（8）：日本は山がちの地形なので急流が多く洪水が起こりやすい。堤防をつくるなどの対策をしているが，最近は，雨の降る量が尋常でなく，広島や岡山でも大きい被害があった。

【干ばつ】（3）：夏に雨が少なく，飲料水不足ということもあったが，温暖湿潤の日本ではそう問題ではない。

【海面上昇】（2）：地球温暖化で，南太平洋では大きい問題になっているが，日本では当面は問題にはならない。しかしこのまま，温暖化が進めば，大阪

第2章　地理的な見方・考え方を鍛える「世界と日本の地域構成」大人もハマる授業ネタ　49

梅田あたりまで海面上昇する想像画を見たことがある。

3 世界リスク17位の日本

クイズ 災害に遭う確率に加え，被害を拡大させる政治，経済，社会構造などを加味して，災害にどの程度遭いやすいかを評価する「世界リスク指標」（WRI）は何位か。

根拠もなく適当に発言している。答えは「17位」である。

❓考えよう 日本は「災害への遭いやすさ」では世界4位なのに，実際に遭う指標が17位なのは，なぜだろう。

S：「避難訓練」（笑）

T：『笑っていますが重要ですよ』

S：「整然と行動できる国民」

T：『自分の身を自分で守るという自助ができているということです』

S：「ボランティアをしようという人も多い」

S：「消防署や自衛隊などが災害救助をしている」

S：「消防団も頑張っている」

S：「災害に遭ったときの医療」

T：『公衆衛生や医療体制も世界から注目されています』

S：「道路や橋も強固なものがつくられている」

T：『インフラが整っているということですね』

S：「これによって救援物資がスムーズに運べる」

T：『ボランティアや消防団のように住民同士が協力し，助け合うことを共助といいます。国や都道府県，市町村などが災害時に行う救助や支援は公助です』

3 ＋αの展開例

> **グループ討議**「災害への遭いやすさ」は低いが，「災害への危弱性」では，アフリカ諸国はワースト15までに13か国が入っている。このような世界のリスクに対して日本はどんな貢献ができるか考えよう。

＊グループごとに発表する。

・日本は道路建設や河川工事が得意なので災害にインフラ整備をしていく
・世界には干ばつで困っているところが多いので水が確保できる施設をつくる
・ヘリコプターを援助したり，災害が起こった国に自衛隊を派遣する
・自分たちで守ることが大切なので，ボランティアの育成をする
・災害が起こったときに，自分のことだけを考えていたら，混乱するので，集団生活の仕方を教える
・日本の医療は素晴らしいので，災害時の医者の育成などに協力する

　「災害国」から世界に冠たる「減災国」となった日本の要因を考え，世界に発信していくことを考える授業である。「何を知るか」「何がわかるか」だけではなく「何ができるようになるか」が大切である。

参考文献

・『毎日新聞』2016年8月26日

第**3**章

地理的な見方・考え方を鍛える
「世界各地の人々の
　　　　　　生活と環境」
大人もハマる授業ネタ

世界の気候と生活

なぜヨーロッパはパスタ？
日本はうどん？

1 地理的な見方・考え方を鍛えるポイント

　人々の生活の特色やその変容の理由を，生活が営まれる場所の自然及び社会的条件などに着目して多面的・多角的に考察し表現する。本稿では，日本とヨーロッパの食や生活に着目し気候との関連を考える地理的な見方・考え方を鍛える。

2 展開と指導の流れ

1　水が豊富な日本

フォトランゲージ　次の写真は，京都駅のトイレで撮影したものだ。この中で，「日本人の常識」「世界では非常識？」のものを探そう。

S：「座るのは日本だけ？」
S：「これって和式ですか？」
T：『洋式トイレです』

S：「洋式だとみんな座るよね」

S：「僕は立ったままです」（笑）

S：「トイレットペーパーをごみ入れに捨てるとか？」

S：「それはないって！」

T：『答えは，"トイレットペーパーはゴミいれにすてずながしてください"
です。他の国でゴミ入れに捨てるのはなぜかな？』

S：「水がもったいないから」

T：『その通りです。世界には水がなくて困っている人が約7億人いるとい
われています』

2　米が主食の日本とパンが主食のヨーロッパ

⁇考えよう 日本人は米が主食だね。ヨーロッパではパンだけど，それ
はなぜだろう。

S：「好き嫌いの問題では？」「私はパンが好きだけど」

S：「日本では米づくりが中心だから」

T：『ヨーロッパは？』

S：「小麦」「小麦からパンをつくるからだ」

T：『どうして，日本は米で，ヨーロッパは小麦なのでしょうか？』

S：「気温？」

T：『米は普通，どんな気候のところで栽培されていますか？』

S：「暖かく雨が多く降るところ」

S：「降水量が多くないと育たない」

T：『小麦は？』

S：「降水量が少ないところ」

T：『ヨーロッパでは比較的冷涼な気候で育つじゃがいもとパンをよく食べ
ます』

S：「やっぱり水か！」

第3章　地理的な見方・考え方を鍛える「世界各地の人々の生活と環境」大人もハマる授業ネタ　55

＊「雨温図」を提示。年間降水量は，東京1,528.8㎜，ロンドン640.3㎜，コペンハーゲン582.1㎜，ストックホルム526.9㎜となっている（2017年）。

3　ヨーロッパで普及する食器洗浄機

グループ討議 ヨーロッパでは日本より食器洗浄機が普及している。それはなぜか？　気候との関連で考えよう。

S：「共通していることはまた水かな？」

S：「食器洗浄機は水がかなり必要では？」

S：「うーん！　難しい」

T：『ヨーロッパで食器洗浄機が普及したのは，食器の形といわれています』

S：「何??　浅い皿が多いってことかな？」

S：「浅い皿のほうが洗いやすい」

S：「確かに，ヨーロッパにはどんぶりやお椀はないや」

T：『日本でどんぶりが普及したのはなぜでしょうか？』

S：「うどんや親子丼を食べるから」

S：「どんぶりやお椀は食器洗浄機で洗いにくいか」

T：『日本でラーメンやうどん，汁物など液体量の多い食べ物が発達したのも降水量と関係していますね』

S：「確かにヨーロッパでは，材料は同じ小麦なのにうどんじゃなくパスタだ」

4　夏は猛暑，冬は極寒の日本

？考えよう 日本の夏は猛暑，冬は極寒，ヨーロッパはそれほどではない。なぜか？

S：「日本はシベリアからの北西の季節風や偏西風が吹くから」

S：「夏は南東の熱帯の海から季節風が吹く」

56

T：『ヨーロッパは？』

S：「暖流が流れているから」

T：『北大西洋海流が流れ，偏西風が暖かい風を運んでいくからですね。だから，日本のホテルではエアコンがあり，ヨーロッパはエアコンがないことが多いのです』

3　＋αの展開例

　ヨーロッパは日本より高緯度にあるため，冬が長く，夏が短い。太陽の日射を浴びようと，外でのレジャー，自転車を楽しんでいる人が多い。日常生活から気候を考えさせるのも興味深い。

参考文献

・『地理統計 2019年版』（帝国書院）2019年

・水野一晴『世界がわかる地理学入門』（ちくま新書）2018年

乾燥帯

鳥取砂丘は砂漠なの？

1 地理的な見方・考え方を鍛えるポイント

　写真教材を使い，乾燥地帯の衣食住を事例に，人々の生活の工夫や，伝統的生活と現代の変化を捉える学習を通して，地理的な見方・考え方を鍛える。

2 展開と指導の流れ

1 鳥取砂丘は砂漠？

？考えよう 鳥取砂丘は砂漠なのか？

T：『乾燥気候の学習です。ところで，鳥取砂丘は砂漠でしょうか？』
S：「ラクダがいたような？」「観光用では？」
S：「砂漠って雨は降らないのでは」
S：「鳥取砂丘は雨が降るから砂漠ではない」
T：『そうですね。砂漠というと，砂の山のように考えますが，"沙漠"と書くほうがわかりやすいです。砂漠は植物が見られない荒地のことで，岩石が一般的です』

2　写真で考える乾燥帯の生活

＊三枚の写真を提示（略）。
① 長袖の脚のすねまである衣服を着て買い物する人々
② うす焼きパンと羊の肉の炒め物を食べる人々
③ れんがでつくった伝統的な家

❓考えよう 乾燥帯の人は，なぜ長袖ですねまである服を着ているのか。

S：「日差しが強いから」「砂漠は砂ぼこりが多いから」

T：『砂漠は暑いというイメージがあります。確かに昼間は暑く40度を越えるときもあります。しかし，夜になるとマイナスのときもあり寒暖差が大きいのが特色です』

❓考えよう 水が少ないのでどんな作物を栽培しているのか。

S：「教科書になつめやしって書いてある」「小麦」

T：『小麦は水が少なくても栽培できますね』

S：「パンをつくる」

T：『飼育している動物は？』

S：「乾燥に強い動物」「羊」「ヤギ」「らくだ」

T：『写真のように小麦を使ったうす焼きパンやらくだや羊の肉を焼いた料理を食べています。日干しレンガの家に住むのはなぜですか？』

S：「木の家をつくる木材がない」「コンクリートは？」「日差しが強く暑い」

T：『日干しレンガの家が乾燥帯には合っているということです。レンガは水分を含むと崩れますが，砂漠は雨が降らないので大丈夫です』

3 ＋αの展開例

　砂漠地帯に広大な養殖場をつくりエビを養殖したり，灌漑施設の導入により，穀物や野菜の生産を増やしていることにも触れる。

参考文献

・『中学生の地理 平成27年版』（帝国書院）2015年

第3章　地理的な見方・考え方を鍛える「世界各地の人々の生活と環境」大人もハマる授業ネタ　59

3 北大西洋気候

キルナの鉄鉱石の輸出港

1　地理的な見方・考え方を鍛えるポイント

　北半球でも，日本よりイギリスはかなり北にあるにもかかわらず，平均気温は，日本より高い時期もある。同様に，ノルウェー海はバルト海より北にあるにもかかわらず，暖流の影響で冬でも凍らない年がある。本稿では，気候の決定条件を「緯度」「海流」「内陸」「海洋」などから多面的・多角的に考察する地理的な見方・考え方を鍛えたい。

2　展開と指導の流れ

◆北は寒く南は暖かいか？

> **Q 発問**　スウェーデンのキルナでは鉄鉱石が産出される。この鉄鉱石はドイツをはじめEU各国に輸出され，自動車産業の原料として使われている。地図のどの港からEU各国に輸出されるのか？

S：「一番近いルレオ港じゃない」
T：『夏は，ルレオ港から輸出しますが，冬は，北緯65度にあり海が凍るので輸出できません』
S：「そうすると港は無理だから，貨物車で運び，ストックホルム港から輸出する」

クイズ 冬はどこから輸出されるのか。

　　　　ア 鉄道でドイツまで輸送する

　　　　イ 比較的南方のストックホルムから輸出する

　　　　ウ ノルウェーのナルヴィク港から輸出する

回答はわかれる。答えは「ウ」。

？考えよう ナルヴィク港は，ルレオ港より北にあるにもかかわらず，なぜ港が凍らないのか？

S：「フィヨルドで入り込んでいるから凍らない」

S：「でもいくら入り江といっても凍るって」

S：「暖流が流れている」

T：『ノルウェーの沿岸は北大西洋海流（暖流）が流れていて，凍りません』

3　＋αの展開例

　アメリカのアンカレッジとサンフランシスコ，カナダのウィニペグの気温を比べる。アンカレッジの最寒月平均気温は−8度前後であるが，内陸部にあるウィニペグは−20度である。それは暖流であるアラスカ海流による。一方，サンフランシスコは寒流であるカリフォルニア海流が流れているので，夏の最暖月でも平均気温は18度程度である。気候は，緯度だけではなく，海流や内陸性，海洋性など多様な要因により決定される。

参考文献

・河原和之『スペシャリスト直伝！ 中学校社会科授業成功の極意』（明治図書）2014年

・鈴木達人『世の中のしくみが氷解する世界一おもしろい地理の授業』（KADOKAWA）
　2018年

第3章　地理的な見方・考え方を鍛える「世界各地の人々の生活と環境」大人もハマる授業ネタ　61

イスラム教

イスラム教徒が豚肉を食べないわけ

1 地理的な見方・考え方を鍛えるポイント

　世界の宗教については，仏教，キリスト教，イスラム教などの世界的に広がる宗教分布について分布図を用いて大まかに理解する。宗教についても，その生活が営まれる場所の自然及び社会的条件などに着目して，多面的・多角的に考察する地理的な見方・考え方を鍛える。

2 展開と指導の流れ

1 サウジアラビアのマクドナルド

> **クイズ** （サウジアラビアのマクドナルドの写真を見せる）サウジアラビアはイスラム教徒の国だ。そのため一日何回か閉店するが，何回か。また，学校は男女別学だが，マクドナルドのカウンターも別々になっている。それでは，家族で訪れた場合，家族席はあるのか？（グループで考える）

・「3回」「4回」「5回」などの答え。答えは『イスラム教徒は1日5回，メッカに向かって礼拝するので，閉店します』と伝える
・家族席はある。カップルは別々（2019年）

2 イスラム教徒の多い国
＊教科書の「世界の宗教分布」を確認する。
　世界宗教は，キリスト教，イスラム教，仏教であり，特定の地域のみに信

仰される宗教として，ヒンドゥー教，ユダヤ教，神道などがある。キリスト教徒は約24億1,000万人，イスラム教徒は約17億人，仏教徒は約5億2,000万人，ヒンドゥー教徒は約9億4,000万人である（2015年）。

> **❓考えよう** 世界の宗教分布から気づいたことを発表しよう。

S：「その宗教がはじまった場所や近くに信仰する人が多い」
T：『イスラム教は聖地メッカのある西アジアが中心ですね』
S：「キリスト教はローマ帝国を中心に広まったから」
T：『もとは，エルサレムですが，ヨーロッパ中心に広がりました』
S：「キリスト教は，温暖な住みやすい場所に広がっている」
S：「でも，南アメリカにも信者が多い」
S：「ヨーロッパが植民地にしていたから」
T：『フィリピンやオーストラリアもそうですね』
S：「イスラム教は乾燥地帯に多い」
S：「キリスト教の間をぬってイスラム教が広がった感じがする」
＊宗教分布を白地図に色塗りする。

3 なぜ……イスラム教徒は？

> **❓考えよう** イスラム教徒は「アルコールは飲まない」「豚肉は食べない」「女性は肌を見せない」など，日本とは異なる行動をしたり，禁止されていることがある。なぜなのか考えよう。

① アルコールを飲まないワケ
S：「酔ってとんでもないことをしないため」
S：「暴力事件とか？」
S：「乾燥地域なので，ビールを飲みたくなると仕事ができなくなる」
T：『なるほど，乾燥地帯と関係しているということですね』
S：「酔うとやっぱり余計なことをいっぱいする」（笑）

第3章 地理的な見方・考え方を鍛える「世界各地の人々の生活と環境」大人もハマる授業ネタ 63

Ｔ：『君たちはまだお酒を飲むことがありませんが，酔うといろんな嫌なことも忘れ，それがストレス発散にもなりますよね。その“忘れる”がキーワードです』

Ｓ：「……」

Ｓ：「神様のことを忘れる」

Ｔ：『アルコールを飲むと神様のことを忘れることがあります。なので，信仰の熱いイスラム教徒がアルコールを飲むことは禁止されています』

② 豚肉を食べないワケ

Ｓ：「美味しくないから」「牛肉党」

Ｔ：『禁止しているんですよ』

Ｔ：『乾燥地帯がヒントです』

Ｓ：「乾燥地帯に豚は，あまり飼育しない」

Ｓ：「ヤギとかラクダが多い」

Ｔ：『乾燥地帯で豚はあまり飼育しませんね。その理由は？』

Ｓ：「豚に合わない」

Ｔ：『豚は何を食べますか？』

Ｓ：「人間とあまり変わらないのでは？」

Ｔ：『トウモロコシ，大豆カス，小麦等のいわゆる穀物ですね』

Ｓ：「豚に食べさせるくらいなら人間が食べるってこと？」

Ｔ：『乾燥地帯に多いイスラム教徒にとっては豚の飼料になる穀物は貴重な食料になるからです。また，イスラム教では豚は不浄なものとされています』

③ 女性は肌を見せない

Ｓ：「女性を痴漢から守るため」

Ｔ：『イスラム教では，女性は守るべき対象とされ，買い物などの外出は男性がすることになっています。他には？』

Ｓ：「古い考えから。日本でも戦前まではそうだった」

Ｔ：『実は，これも乾燥気候と関係しています』

S：「乾燥すると肌が乾く」「髪も砂嵐にやられる」（笑）

T：『乾燥していると，肌にもよくないし，髪もカサカサになりますね』

S：「なるほど！　だから髪や顔を隠すんだ」

T：『しかも，乾燥地帯で水は貴重です』

S：「風呂やシャワーの回数も少ない」

T：『日本のように水が豊富なところは，洗髪するのが当たり前ですが，乾燥地帯では，週に一回程度なので，髪を保護する目的もあります』

3　＋αの展開例

　サウジアラビアで，女性の普通選挙権が認められたのは，2015年である。また，女性の運転免許取得が許可されたのは2018年である。イスラム教における女性の人権についても考えさせたい。イスラムでの禁止を「ハラーム」といい，その禁止を犯した者は来世でもアラーの懲罰を受けるとされている。逆に許された項目を「ハラール」という。食べることが許される食材や料理を指すこともあるため，最近，日本でもハラールを提供する店が増えてきた。イスラム教徒とのつき合い方については，日本の課題でもある。

第4章

地理的な見方・考え方を鍛える

「世界の諸地域」
大人もハマる授業ネタ

中国

13億人の胃袋

1 地理的な見方・考え方を鍛えるポイント

　各州の地域的特色の羅列的な知識を身につけることではなく，生徒が世界の地理的な事象を身近に感じて，とりあげた世界の諸地域についてイメージを構成することが必要である。本稿では，中国の農林水産業を生徒の生活体験と結びつけやすい「食」から考察する授業を紹介する。

2 展開と指導の流れ

1 中華料理から考える

? 考えよう 次の表は中国料理を整理したものである。「代表的な料理」にあてはまる記号を答えよう。

カニ玉／麻婆豆腐／チャーハン／餃子

地域 （料理）	年平均気温	降水量 (mm)	代表的な料理	料理の特徴
華北 （北京料理）	12.9	640 （北京）	北京ダック ジンギスカン （　ア　）	麦や雑穀が主食で，特に小麦を材料とする料理。肉料理が多い
華中 （上海料理）	17.1 （上海）	1,157	エビの炒め煮 上海ガニ （　イ　）	米の料理と，長江の川魚や海に近くエビ，カニ，魚料理が多い
華中　内陸 （四川料理）	15.8 （重慶）	1,108	バンバンジー 担担麺 （　ウ　）	高温多湿なので唐辛子を使った料理が多い

	22.4	1779	酢豚	温暖で，海に面している
華南 （広東料理）	（広州）		ふかひれスープ 子豚の丸焼き （　エ　）	ので，食材が豊富で， 様々な野菜や海産物を使 った料理が多い

(1981～2010年平均)

＊答えはこの後の考えよう内に記載。

＊大阪の平均気温は16.9度　降水量は1,279mm。

2　料理から考える華北の農林水産業

？考えよう　華北は降水量が640mmと少ないが，主な農作物は何か。

S：「小麦」

T：『そうです。中国の小麦の生産量は世界何位でしょうか』

S：「2位」「3位」

T：『中国は1位で世界の約18％を生産しています（2016年）。でも輸入も多いです。なぜでしょう？』

S：「人口が多いから」

S：「小麦といえば餃子だ」「ラーメンも」

T：『ラーメンと餃子ですが，日本とは異なりますよ』

S：「水餃子だ」

T：『中国では一部の地域を除いてスープに麺を入れて食べることはしません。スープはスープ，麺は麺でもっとまったく別の料理です。餃子は，沸騰した湯で茹でて食べる「水餃子」が主流で，日本式の焼き餃子は，むしろ少数派です。表内の（ア）は餃子ですね』

第4章　地理的な見方・考え方を鍛える「世界の諸地域」大人もハマる授業ネタ　69

3 料理から考える華中の農林水産業

? 考えよう 長江の流域が華中といわれる。降水量が多く，洪水の被害に苦しんできた。海岸側と内陸側で異なる。内陸側は，高温多湿で香辛料を使った料理が多い。具体的にはどんな料理か？

S：「辛いといえば麻婆豆腐かな」

T：『豆腐の原料の大豆生産は世界5位です（2019年）。他には？』

S：「担々麺」

T：『夏はかなり高温になるので，腐らないように香辛料が大量に使われます。海岸部はどうでしょう？』

S：「エビやカニも獲れる」

S：「(イ) はカニ玉だ」

S：「(ウ) は麻婆豆腐」

4 料理から考える華南の農林水産業

? 考えよう 長河の南の華南は例年降水量が1,000mm以上の地域で，高温多雨に適した作物の栽培が多い。また，東シナ海に面し，水面も深く，天然の良港に恵まれている。気候は亜熱帯地域もあり，その気候に根ざした農作物が栽培されている。具体的には？

S：「沖縄の気候と似た感じかな？」

S：「パイナップル」

T：『そうですね。パイナップル入りの定番の広東料理といえば？』

S：「……」

T：『中華料理店での人気商品です』

S：「酢豚だ」

T：『酢豚は広東料理の定番です。豚の飼育頭数は世界の約50％を占めています（2016年）。海が近いので，海鮮類も多いです。また，食材も多い

のでどんな料理があるでしょう』

S：「いっぱい具が入っているといえば……」

S：「焼き飯」「チャーハンだ」

S：「確かにいっぱい具が入っている」

T：『(エ)はチャーハンです。「飲茶」も広東料理の定番です』

S：「小籠包も大好き」「豚まんもかな？」

T：『西部は？』

S：「……」

T：『乾燥気候なので，羊肉や乳製品など家畜を使った料理が多いです』

3 ＋αの展開例

　日本の食生活は，しいたけ（約100％）ねぎ（約98.9％）たけのこ（約94.1％）らっかせい（約78.1％）に見られるように，中国への依存度が高い（『財務省貿易統計』2014年）。また，日本から中国へ持ち込んだ食文化として，ウーロン茶，お茶，コーヒーの飲み方がある。中国人は，冷めた料理や乾いたお菓子を敬遠する。「冷や飯を食う」のは嫌だという感覚である。冷蔵庫で冷やして飲む習慣は，日本が中国にもたらした食文化である。

参考文献

・『地理統計 2019年版』（帝国書院）2019年

西アジア

産油国の多角化

1 地理的な見方・考え方を鍛えるポイント

　産油国の多角化について考える。そこから地理的な課題の解決に向けて公正に選択・判断し，議論する力を養う。

2 展開と指導の流れ

1 サウジアラビアって？

> **クイズ** サウジアラビアについてA～Dにあてはまる言葉を考えよう。
> ① 家電製品などを販売するMさんは，妻と子ども4人で（　A　）つき一戸建てに住む
> ② 小学校から大学までの公立学校や（　B　）機関はすべて無料
> ③ 砂漠地帯に広大な養殖場をつくり（　C　）を養殖している
> ④ 耕地が少なく，食料の輸入国であったが，灌漑施設の導入により，穀物や野菜の生産を増やしている
> ⑤ 砂漠の中の（　D　）では，エアコンで室温を管理しており，生産も増えている

A 答え A プール　B 医療　C えび　D 牛舎

＊オイルマネーにより豊かな生活が保障されているが，自立のための経済政策も行われていることを確認する。

2　サウジアラビアの変化と原油価格の低下

　2016年，過去２年で収入が25％も減った。高額な私立校に通う子どもたちを公立校に転校させようかと考えはじめた政府は，2015年末から，ガソリンや電気・水道などの公共料金を引き上げ，2016年９月には公務員の各手当も削減した。

> **❓考えよう**　豊かなサウジアラビアが，なぜこのようになったのか？
> ヒントは「シェール革命」（次頁の表を見つつ取り組む）。

Ｓ：「シェール革命って？」

Ｔ：『今まで困難であったシェール層からの石油や天然ガスの抽出が可能になったことをいいます。原油生産量の順位ですが，１位と５位はどこの国でしょうか』

Ｓ：「１位はアメリカでは？」

Ｔ：『そうですね。１位はアメリカ合衆国です。４位は？』

Ｓ：「クウェート」「インドネシア」

Ｔ：『正解はカナダです。現在，オイルサンドが採掘される地域は，地価の上昇，人口の増加などのゴールドラッシュに沸いています。2017年時点の原油埋蔵量はベネズエラ，サウジアラビアに次いで世界３位です』

Ｓ：「このことがサウジアラビアの生活にどう影響するのかな？」

Ｔ：『原油価格の低下です』

Ｓ：「石油の量が増えるから」「生産量を減らせばいいのでは」

Ｓ：「でも，足並みをそろえないと自分の国だけが損をしちゃう」

Ｔ：『合意が大切だということですね。OPEC 諸国だけでなくロシアや中国との関係もあります』

Ｓ：「アメリカは減らせないの」

Ｔ：『シェールオイルは，一旦掘ってしまったら，途中でやめると余計にコストがかかります』

第４章　地理的な見方・考え方を鍛える「世界の諸地域」大人もハマる授業ネタ　73

〈１日あたりの石油生産量〉（2019年）

	国　名	生産量（万バレル）
1	？	571
2	サウジアラビア	562
3	ロシア	554
4	？	236
5	イラン	234
6	イラク	222
7	中国	192

3 ＋αの展開例

　他の石油依存国を調べ，サウジアラビアの石油依存からの脱却対策を考える。

🔍探す　ブルネイ，カタール，アラブ首長国連邦の３か国をグループで分担し，石油依存から脱却する方法や今後の取り組みについて探し，調べる。

〈ブルネイグループ〉
・日本への輸出が40％近く（2019年），日本と連携した開発が可能
・海に面した景色がいい国であり，エコツーリズム企画を打ちだしている
・世界一の遊園地をつくり観光客を集めている

〈カタールグループ〉
・スポーツの国際大会や国際会議をしている
・外国の大学や研究所を誘致している
・学園都市の近くには，欧米の企業が進出している

〈アラブ首長国連邦グループ〉
・砂漠に高層ビルや高級観光ホテルをつくっている

・世界最大級の人工島をつくり海底トンネルで行くことができる
・ドバイには観光の目玉の水族館がある

グループ討議 他の産油国の対策から，サウジアラビアの石油依存脱却の方法について考えよう。
【テーマ例】観光／産業構造／企業誘致／教育……他

〈発表事例〉
・**観光立国にする**
　砂漠の大気が澄んでいるので，夜空の星の観測会や北斗七星をたよりながら砂漠を横断する観光企画やイスラム文化の体験ツアーを企画する。
・**産業構造を変える**
　砂漠の砂を土地が少ないツバルなどに輸出するのもいい。牛乳の生産が伸びているので改良を加え，世界一美味しい牛乳を販売する。
・**企業誘致など**
　国外から企業を呼び込むため，その地区に限り，イスラム教による制約をなくす。原油が多くあるということから，各国の自動車会社を誘致し，大規模な自動車産業を取り入れる。道路は関係の深い日本が整備する。
・**教育の充実**
　働いてお金を稼ぎ，自立する感覚が弱いので，学校で働くことの意味を教える。教育を重視し，石油を使った製品開発などを大学で学習する。

参考文献

・『朝日新聞』2018年4月30日
・『図説地理資料 世界の諸地域 NOW 2015』（帝国書院）2015年
・『読売新聞』2016年11月7日

3 アフリカ
チョコレートの裏側

1 地理的な見方・考え方を鍛えるポイント

"甘い"チョコレートの裏側には"苦い"現実がある。本稿では，チョコレートを題材に，アフリカ州の植民地化によるモノカルチャー経済の現状と課題，そして，持続可能な社会づくりに積極的に関わる社会のあり方を考え，地理的な見方・考え方を鍛える。

2 展開と指導の流れ

1 少年に聞いてみよう

チョコレートの原料であるカカオは，気温が比較的高く降水量の多いところで生育する。16世紀にコロンブスが新大陸に到達したのをきっかけに，17世紀にはヨーロッパで砂糖やバニラを加えるなどして，カカオ豆からつくったココア飲料が普及した。南米から持ちだされたカカオは，イギリスとフランスによって，植民地，西アフリカのギニア湾が主産地になった。

> **?考えよう** ガーナの農園でカカオ豆を切り刻んでいる少年が居る。この少年にインタビューをしよう（教師は事実をもとに創作した資料を参考に質問に答える）。

〈出された質問〉

「何歳かな？」「学校には行っているの？」「家族は？」「遊びは何をしているの？」「ここで働いているの？」「どんな仕事をしているの？」「チョコレートを食べたことは？」「生活は苦しい？」

〈事実をもとに作成した資料〉
　カカオ農家で両親と弟，妹の5人暮らし。年齢は10歳。朝早くから，カカオ豆の採集です。学校に行く前に，カカオ農園で仕事をしています。朝から数km先にある水場に行き水運びです。学校は午前中に終了し，広場で楽しみの一つであるサッカーをします。ボールがないので靴下に砂を入れボールがわりにしています。彼は，チョコレートを食べたことがありません。
＊本資料をもとに質問に答える。

2　クイズで確認しよう！

クイズ
① カカオ豆の輸出国第一位はコートジボアール，第二位はガーナだが，この2か国で世界全体の輸出量の約何％を占めているか（2016年）？
　　　　　約50％／約60％／約70％／約80％
② 日本のカカオ豆輸入量の中で，ガーナが占める割合は（2011年）？
　　　　　約50％／約60％／約70％／約80％
③ 世界のチョコレート消費で，日本は何位か（2011年）？
　　　　　2位／5位／10位
④ チョコレート価格の内，カカオ豆生産者の手に入るのは（2011年）？
　　　　　約0.5％／約5％／約10％

答え　① 約50％　② 約80％　③ 5位（一人あたりは20位）
　　　④ 約0.5％

3　なぜチョコレートが食べられないのか

グループ討議　なぜカカオがあるのに，チョコレートが食べられないのか。

第4章　地理的な見方・考え方を鍛える「世界の諸地域」大人もハマる授業ネタ　77

S：「お金がないので買えない」「でも日本円で100円だよ」

S：「贅沢はできない」「チョコをつくる技術がない」

S：「すべてのカカオが輸出されてなくなる」

S：「それはないよ」「美味しくないからでは」

S：「日本の商品には勝てない」

S：「買う人はいるのかな？」「いないのでは」「チョコは贅沢だから」

S：「ってことは，購入できる人があまりいないから生産できないってことかな」

＊カカオ生産現場で働かされている児童労働者は1億6,800人（ILO　2012年推計）ともいわれる。私たち消費者が安いチョコレートを求めるほど，企業は安い原材料を探す。児童労働の温床はこんなところにもある。

4　君のプレゼント

？考えよう　君は資料に出てきた少年に3つのプレゼントをするとして何をあげるか？

「水」「サッカーボール」「靴下」「参考書」「ノート」「ランドセル」「洋服」「ベルト」などがある。それぞれ理由を聞く。

〈回答例〉

・チョコレート：自分たちの栽培しているものが世界の人たちを喜ばせていることを感じてほしい

・サッカーボール：靴下ではなくボールで遊ぶ喜びを感じてほしい

・ノート：勉強してガーナの経済発展のために頑張ってほしい

＊以上のことから，「援助」の観点は，自分に対する"誇り"と，生活の"自立"に向けた援助であることを確認する。

3 ＋αの展開例

> **Q 発問** 異なる二つの会社が製造しているブラックチョコレートとホワイトチョコレートが同じ値段のとき，君はどちらのチョコレートを購入するか？

S：「甘くないブラックがいい」
S：「私はホワイトチョコが好き」
T：『色々な好みがありますね。例えば，ホワイトチョコレートの裏面には，売り上げの一部が，原料である「カカオ」の原産国で学ぶ，子どもたちのための施設建設などに役立てられる旨が記載されているとしたらどうでしょう』

＊チョコレートを製造・販売する会社には，環境保護や，学校施設に売り上げの一部を使用している会社があることを伝え，味以外の情報を与えた上で再度考えさせる（一例として，森永製菓のダースには，2019年，下記のような記載がある）。

〈1チョコ for 1スマイル〉
あなたが食べると，もう一人がうれしい。森永ダースはカカオの国の子どもたちを応援します。

　チョコレートの原料「カカオ」のふるさとは赤道近くの国々。子どもたちの学校は，数も設備も十分とはいえません。森永製菓は，ガーナなど「カカオの国の子どもたち」がしっかり学ぶことができるように，ダースの売上の一部を使って応援しています。チョコを食べる人も，そのふるさとで学ぶ子どもたちもみんな笑顔にしたいダースです。

参考文献
・白木朋子『子どもたちにしあわせを運ぶチョコレート。』（合同出版）2015年

アフリカ

空飛ぶバラ

1 地理的な見方・考え方を鍛えるポイント

　空間的相互依存関係作用や地域などに関わる視点に着目して，多面的・多角的に考察する。資源や情報を交換するために運輸，通信システムにより結ばれている「場所」は，システムの変化により空間的にも時間的にも変貌する。本稿では，日本の成田空港におけるバラの輸入国はインドであった（2004年）のが，ケニアが増えてきた要因について考察する。

2 展開と指導の流れ

1　バラの栽培地

　バラの生産が多い国を地図帳で探す。ケニア，エチオピア，コロンビア，エクアドル，インド……。

　地理的条件を確認する。最低気温10度，最高気温25度前後という気温と，日射量が多い，赤道直下の2,000m以上の高地が適している。

❓考えよう　この条件にないオランダもバラ生産が盛んだ。なぜか？

S：「オランダは北にあるから日照時間が短いので無理では」
T：『11月から3月までは冬で，4時頃には太陽が沈む時期もあります』
S：「夏に栽培する」
T：『夏は環境的に適しており，バラは品種改良も含め，栽培されています』
S：「冬は？」
T：『冬も栽培しています』

80

S：「ビニールハウス？」「光をあてているのでは？」

T：『日照時間を長くするためにナトリウムランプを照射しています』

＊オランダはヨーロッパの花の中継地点で大きな市場があるため，他国のバラ生産国はオランダ経由で輸出をしていた。オランダのロッテルダムが，EUの貿易港（ユーロポート）であるという有利な条件からも，このことが可能である。

2　バラの輸入先の変化

> **クイズ** 2004年の日本の成田空港のバラの輸入先はインド（50.7％），オランダ（10.8％），ベトナム（10％），エクアドル（8.8％），大韓民国（6.4％），コロンビア（4.6％），ケニア（3.6％）であったが，10年後の2014年には，1位の座が変わった。どこの国か？

＊「ベトナム」「コロンビア」の答えが多い。

　答えは「ケニア」で37.9％。次いで，「インド」（22.8％），「ベトナム」（12％），「コロンビア」（11.3％），エクアドル（7.3％），中華人民共和国（4.8％），そしてオランダ（1.5％）である。

> **❓考えよう** なぜケニアが成田空港でバラの輸入先第一位になったのだろう？

S：「オランダよりケニア産のほうが安い」

T：『なぜケニア産は安いのでしょうか？』

S：「人件費」

T：『オランダの1時間の人件費は約2,500円，それに対して，ケニアは約200円です』

S：「日本に入ってくるバラの値段は？」

T：『平均で200円程度です』

S：「オランダのように人工的ではなく自然条件を活かして生産している」

第4章　地理的な見方・考え方を鍛える「世界の諸地域」大人もハマる授業ネタ　81

S：「広いので大量に栽培できる」

T：『そうです！　大規模な栽培が可能です。数千本単位の注文にも応じることができます。他には？』

S：「輸送が便利になった」

T：『バラはどういう方法で日本に輸入されてくるのでしょうか？』

S：「船」「枯れてしまう」「飛行機」

T：『飛行機ですが，経路は？』

S：「直行便」

T：『それはありません。今まではオランダ経由で輸入されてきました。今はドバイ空港を経由して輸入されています』

＊ドバイを地図帳で確認する。

S：「オランダ経由よりドバイ経由の方が距離が近い」

S：「交通ってけっこう大切だ」

T：『ドバイ国際空港のフラワーセンターには，航空機に搭載するコンテナをそのまま冷凍保管できる大型の急速冷蔵庫が設置されています』

3　ケニアの変化

❓考えよう　ケニアは日本企業の技術指導で花卉の輸出を伸ばしてきた。次のグラフは，2009年のケニアの輸出品目である。切り花にあたるのは，ア〜オのどれか？

〈ケニアの輸出品目〉

ア	イ	ウ	エ	オ	その他
20％	9.5％	5％	4.4％	4％	57.1％

Ａ答え　イ（なお，ア：茶／ウ：野菜／エ：コーヒー豆／オ：衣類）

3 ＋αの展開例

　日本のバラ生産（2011年）の１位は愛知県で約18％である。愛知県ではおもに自然条件から知多半島を中心に栽培されている。ケニア産（平均200円）に対して平均250円と割高である。ケニア産と対抗するためには，付加価値のあるバラ栽培が問われている。どんなバラを栽培するか，日本の花卉栽培のあり方についても考えさせたい。

＊元近畿大学の池永佳代氏の模擬授業を参考に構成した。

＊本稿では，成田空港輸入実績の資料をもとに実践した。全国輸入実績では，韓国が１位（37.7％）だが，ケニア（25.7％）が大きくシェアを伸ばしていた（2014年）。

参考文献

・福井博一「「空飛ぶバラ」の謎にせまる」（『高等学校　現代社会へのとびら』（帝国書院）2010年１学期４月号付録）

EU

EU はなぜ統合されたのか？

1 地理的な見方・考え方を鍛えるポイント

　ヨーロッパ州を大観する学習をふまえ，EU 統合の歴史的背景，EU 統合がもたらす成果について，多面的・多角的に考察する。

2 展開と指導の流れ

1 旗から考える EU

? 考えよう EU の旗は，12の星を円形にしている。星を円形にしているのはなぜだろう。

S：「12か国が仲よくなるように」
T：『EU は12か国でしたか？』
S：「28か国」
＊EU 加盟国を地図帳で確認する。
S：「一つになるという連帯を表している」
T：『円形にしているのは"連帯"を表しています。12はヨーロッパで特別な意味を持ち，完璧と充実を表現しています』

2 紙幣から考える EU

? 考えよう EU の10ユーロ紙幣には，何が描かれているのだろう。

S：「門」「地図」「橋」

T:『紙幣により異なりますが、解放の精神を示す門が描かれています。他には窓が描かれているものもあります。橋が描かれる理由は？』
S:「つながり」「支え合う」
T:『つながり、つまり"連帯"でしょうか？ これらの門や橋はEUのどこかの国のものか、それとも架空のものでしょうか？』
＊挙手させる。
T:『架空です。どこかの国の建物を使うと、なぜ自分の国の建物がないのか、という気持ちになるので、特定の建物が描かれていません』

＊硬貨の表は共通のデザインだが、裏は各国別のデザインになっている。例えば、ドイツは、国章である「鷲のマーク」、フランスは、「自由・平等・博愛」の文字、スペインは、「現在のスペイン王の顔」である。

3 なぜEUは統合したか？ その1

クイズ 第一次世界大戦と第二次世界大戦で、ヨーロッパでは、どれくらいの人が亡くなったのか。
・第一次世界大戦：約500万人／約800万人／約1,000万人
・第二次世界大戦：約1,500万人／約2,500万人／約3,500万人

A 答え 第一次世界大戦：約800万人／第二次世界大戦：約3,500万人

「ヨーロッパの歴史は、分裂と統合の歴史、国境線をめぐる対立の歴史であった」とポーランド出身の歴史学者クシシトフ・ポミアンは書いている。
＊EU統合への流れの年表（略）を示す。

> **?考えよう** 1952年の西ドイツとフランス（二項対立で単純化した）の石炭と鉄鉱の共同使用の意義は何か？

S：「石炭の取り合いでドイツとフランスで戦争したことがあるから」
S：「資源の取り合いをなくすために統合しようとした」
T：『過去，何度も戦争をくり返してきた原因である石炭と鉄鉱を共同にすることによって戦争を未然に防ごうとしました』

> **?考えよう** EUの本部は，ベルギーのブリュッセルにあるが，なぜ，フランスやドイツにしなかったのか？

S：「海に近く，貿易などに便利」
S：「ベルギーが経済発展しているから」
S：「チョコレート以外聞いたことがないけど……」
T：『フランスのパリだったら，他の国はどう思うでしょう』
S：「なんで，ドイツではないのかって思う」
T：『小国のベルギーに本部をおくことで，軋轢が少ないようにと考えたわけです』

4 なぜEUは統合したか？ その2

> **?考えよう** 次のグラフから，なぜEUが統合したか理由を考えよう。

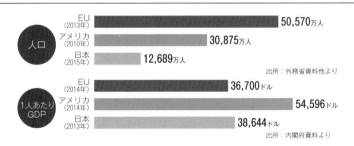

S：「アメリカ，日本と比較し，人口が多いのに1人あたりのGDPが少ないから統合しようとした」
S：「最近は中国にも完全に追い抜かれた」
S：「昔の栄光を取り戻したい」
T：『ヨーロッパにも栄光の時代がありました。それを，アメリカ，そして日本にも経済的に追い抜かれたのが大きい理由です。次のグラフは，アメリカと日本の貿易額（2012年）ですが，ヨーロッパは，どれくらいか棒線を引きましょう』

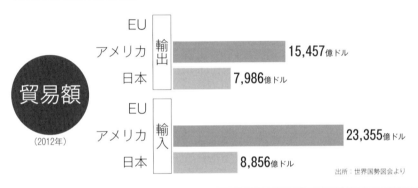

A 答え 輸出：56,810億ドル／輸入：57,041億ドル

3　＋αの展開例

　2012年，EUの「ノーベル平和賞」受賞について以下の受賞理由を紹介する。『「EUは戦争の大陸から，平和の大陸に変革させる重要な役割を果たした。EUとその前身が60年以上にわたり，欧州の平和と和解，民主主義や人権の進展に貢献したことを評価する」とされました』。

参考文献
・河原和之『100万人が受けたい「中学地理」ウソ・ホント？授業』（明治図書）2012年

EU

EUへの加盟，離脱そして課題

1 地理的な見方・考え方を鍛えるポイント

　ヨーロッパ州を大観する学習をふまえ，「EUはどのような経緯でその構成国を変化させてきたのか」「EUを構成する国内で，なぜ分離や独立などの動きが見られるのか」などの問いから，EUにおける地域特有の課題を捉える地理的な見方・考え方を鍛える。

2 展開と指導の流れ

1　エピソードで考える EU 統合の困難性

授業に「チョコレート」「発泡酒」を持参する。

> **クイズ**　統合といっても，お国柄も異なり，難しいことも多い。次のエピソードからグループで考えよう。
> 〈エピソードクイズ①〉カカオマスチョコレート
> 　ベルギーは，カカオマスのみでないとチョコレートとして認めないと主張したが，この主張は認められたか？
> 〈エピソードクイズ②〉ドイツのこだわり
> 　ドイツが，純粋な成分のものしか認めていなかったものとは？

Ⓐ答え　① 認められなかった　② 発泡酒

88

2 EU加盟

> **？考えよう** EU加盟をめぐっては，次のようなことがある。グループ
> で，次の①から⑤から，一つを選び話し合おう。

① 1973年にイギリスが加盟しているが，なぜもっと早く加盟しなかったの
　か（ヒント：イギリス連邦）

② 2004年以降，東ヨーロッパの国々が加盟する。その理由は？（ヒント：
　冷戦の崩壊）

③ スイスはなぜ加盟しないのか（ヒント：永世中立）

④ ノルウェーはなぜ加盟しないのか（ヒント：資源が豊富）

⑤ トルコの加盟は保留だ。それはなぜか？（ヒント：イスラム教）

〈話し合いの例及び模範回答〉

① S：「イギリスは経済的にも力があったから加盟する必要がなかった」
　　S：「君たちの国とは一緒にしてほしくないって感じ」
　　S：「ヒントにイギリス連邦とあるように，経済協力している国がけっこ
　　　　うあったからかも」「オーストラリアかな」「ニュージーランドもだ」
　　S：「海を隔てているし，繋がりのある国が他にあったってことだ」

② 冷戦による体制の変化と市場経済への移行

③ 永世中立国で，どこの国とも同盟を結ばないという国の方針がある。ま
　た，国際観光都市であり，スイス銀行に見られるように，ヨーロッパの一
　つの国というより世界のスイスというお国柄からである

④ S：「資源って？」
　　S：「ノルウェーは，海もあり魚がいっぱい獲れるから？」
　　S：「森林資源もありそう」
　　S：「農林水産業はもちろん，鉱工業も盛んで，EUに加盟してもあまり
　　　　メリットがないってことかな」

⑤ GDPの格差やイスラム教による考え方の相違，また人口の多い国であり，
　移住者が多くなることへの懸念がある

第4章　地理的な見方・考え方を鍛える「世界の諸地域」大人もハマる授業ネタ　89

3 クイズからイギリスの EU 離脱を考える

クイズ イギリスで EU 離脱が決定した。次のクイズに答えよう。

① イギリスが EU に支払う分担金はいくらか（2015年）。

　ア 約5千万円／イ 約1兆円／ウ 約1兆9千億円

② イギリスへの移民は EU 内外合わせて何万人か？（2015年）

　ア 約38万人／イ 約58万人／ウ 約78万人

③ 離脱すると2019年の GDP は約何％減少するか（2016年 IMF 試算）。

　ア 5.6％／イ 7.6％／ウ 9.6％

A答え ① ウ 約1兆9千億円　② ア 約38万人　③ ア 5.6％

4 イギリス EU 離脱の是非を考える

「離脱派」「残留派」の意見を紹介し，二派に分かれ議論する。

〈EU 離脱派〉

〈EU 残留派〉

〈EU 離脱派〉	〈EU 残留派〉
・EU への拠出金を国民健康保険など国民のために活用 ・移民にとられた雇用を回復 ・英国の威信を回復	・拠出金以上のメリットがある 　・5億人規模の市場アクセス 　・300万人の雇用確保 　・海外からの直接投資

〈討議の様子〉（部分略）

離：「分担金が1兆9千億円は厳しすぎる。一方でもらっている国がある」

離：「EU を離脱し，このお金を自国（英国）のためだけに使う」

離：「借金を抱えてしまっている国に対しイギリスなどお金を持っている国が援助するのはおかしいと思う」

残：「お互い援助し合うというのが EU の理念」

離：「借金をつくってしまったのは，その国のせいなのだから，自分たちの国で対処するべきだと思う」

残：「EU は，ノーベル平和賞をとっているし，難民も受け入れているいい

団体」

離：「難民に仕事を奪われ，働けなくなってしまうのはおかしい」

残：「でも離脱すると数年後には GDP が5.6%減少するといわれている」

残：「関税が復活し，EU 内の自由な貿易ができなくなるだけではなく，他国の企業が出ていく」

残：「そんなことより平和。離脱をした後，他国も EU から出て，平和な状態が崩れ，戦争がはじまってしまったらいけない」

3 ＋αの展開例

　ギリシャの財政危機について考える。ギリシャにはもともと基幹産業が特になく，農産物の市場拡大や観光客の増加などを期待し，1981年 EU に加盟した。しかし，2008年，アメリカでリーマンショックが発生すると，財政状況が悪いことが判明，多くの資金がギリシャから逃げ出した。財政難の上，諸外国に膨大な借金を抱え，増税や予算の削減などの緊縮財政で経済が悪化した。

参考文献

・佐藤敏彦「イギリスの EU 離脱に賛成か，反対か？」
（河原和之編著『100万人が受けたい社会科アクティブ授業モデル』（明治図書）2017年所収）

7 中・南アメリカ

なぜブラジリアに首都移転したのか？

1 地理的な見方・考え方を鍛えるポイント

　地理に関わる事象の意味や意義，特色や相互の関連を，位置と場所に着目して，多面的・多角的に考察する。本稿では，ブラジルのブラジリアへの首都移転を題材に地理的な見方・考え方を鍛える。

2 展開と指導の流れ

1　ブラジルの首都

クイズ ブラジルの首都はブラジリアです（地図で確認）。人口はブラジルの都市で何番目になるのか（2016年）？

A 答え
　1位　サンパウロ（約1,200万人）
　2位　リオデジャネイロ（約650万人）
　3位　サルヴァドール（約300万人）
　4位　ブラジリア（約290万人）

2　ブラジリアの位置

クイズ ブラジリアは，それまで首都であったリオデジャネイロからどれくらい離れているのだろう？
　ア　大阪から東京往復／イ　大阪から静岡往復／ウ　大阪から名古屋往復

92

> Ⓐ答え ア（約1,000kmも離れている）

3 なぜブラジリアに首都移転したのか？

> **❓考えよう** この首都移転は1955年にはじまり，1960年には完成した。なぜ，海岸から離れ，しかも奥地のところに首都を移転したのだろうか？

S：「内陸部に人が住んでいなかったから」

S：「ブラジルの人口を拡散するため」

S：「海岸部だけに人口が集まっていたから」

T：『1950年代は，ブラジルが工業化をはじめた頃で，内陸部を開発するため，労働者を移住させて土木工事を行ったり，農業の振興を図ったりしました。なぜ，ブラジリアという都市名をつけたのでしょう』

S：「ブラジルの首都だと，国民に浸透させるため」

S：「これぞ！　ブラジル」

T：『ブラジルは多民族国家だったので統一感を国民に持ってもらうためです』

＊ブラジルの民族構成について確認する。

3 ＋αの展開例

それまで首都だったリオデジャネイロは宗主国ポルトガルの影響を強くうけた都市であったことも首都移転の理由である。総じて，ブラジル人としてのアイデンティティの確立と経済発展のための首都移転であると考えることができる。

＊大阪商業大学，竹田雅洋氏の模擬授業を参考に筆者がまとめた。

第4章　地理的な見方・考え方を鍛える「世界の諸地域」大人もハマる授業ネタ　93

第5章

地理的な見方・考え方を鍛える

「日本の諸地域」
大人もハマる授業ネタ

中核方式

味深い，奥深い日本酒

1 地理的な見方・考え方を鍛えるポイント

　日本の酒造生産量は，兵庫県がもっとも多く，西宮市に集中している。その理由を「水」「原料」「輸送」「杜氏」などから多面的・多角的に考察する。一方で，「日本酒」を生産していない県は，鹿児島，宮崎，沖縄県である。背景を「位置」「場所」（地形，土壌，気候，水）「空間的相互依存作用」（運輸，通信）から分析する。以上を通して，酒造の地方的特殊性と一般的共通性を明らかにし，地理的な見方・考え方を鍛える。

2 展開と指導の流れ

1 日本酒ランキング

> **グループ討議** 日本酒の製造には，きれいな水，お酒に合う米，杜氏（酒をつくる人），そして輸送（江戸時代は江戸へ）という条件が必要だ。地図帳を参考に，以下の都道府県の中から，清酒都道府県生産額ベスト5（2017年）を選ぼう。
> 　佐賀／島根／広島／高知／兵庫／京都／愛知／富山／新潟／山梨／埼玉／秋田／宮城／北海道

S：「新潟」「米づくりが盛んだし，雪解け水がある」
S：「ってことでは富山もかな」
T：『ヒントは，お酒づくりは江戸時代に盛んになったということです』
S：「江戸に近いところだから埼玉とか山梨かな」

S：「大阪も大都市だから兵庫や京都も」「兵庫は海に近く江戸へも運べる」

S：「兵庫には六甲山があり，水がおいしい」「九州や北海道はない」

Ⓐ答え 1位 兵庫　2位 京都　3位 新潟　4位 秋田　5位 埼玉

2　西宮市の酒づくり

　西宮市の酒蔵とマップを提示（略）。

❓考えよう なぜ兵庫県（西宮市）は酒づくりが盛んなのか？

S：「大きい武庫川がある」「六甲山からのきれいな水がある」

T：『川から流れてくる水ではなく宮水という地下水が美味しいお酒の水に
　　なります。原料のお米は？』

S：「兵庫の米??」

T：『山田錦という銘柄を聞いたことはありますか？』

S：「……」

＊「山田錦」と書いた清酒の銘柄を見せる。

T：『山田錦は西宮に近い，三木市，小野市などで生産されますが，酒づく
　　りに適した米です』

S：「西宮は海に近く輸送しやすい」

T：『江戸や大阪にも樽廻船や菱垣廻船により運ばれました。樽廻船は，運
　　んでいるうちに，樽の味がしみ込み，いっそう美味しくなりました。働
　　く人は杜氏といわれますが，冬場だけの季節労働者です。どこからくる
　　のでしょうか』

S：「中国山地は冬は雪深く仕事ができないから，お米持参でくる」（笑）

T：『三木，三田，篠山には丹波杜氏という酒づくりの職人がいました』

＊六甲山の宮水，山田錦という原料，船便輸送の好立地条件，そして優秀な
　杜氏の存在により酒造業が盛んになったことを確認する。

第5章　地理的な見方・考え方を鍛える「日本の諸地域」大人もハマる授業ネタ　97

3 追い風になった吉宗の改革

　西宮の灘三郷の酒が有名になったのは，18世紀前半（享保の改革の頃）だといわれている。

> **❓ 考えよう** 江戸時代は米中心の経済。吉宗は，財政難解決のため，年貢米の価格を上昇させる政策を行った。ここに酒づくりが関係している。

S：「年貢米の価格をあげる？」「酒づくりを推進して，原料になる米を買ってもらう」

T：『酒造業を奨励し，米の消費を増やしたので，現在も各都道府県で多くの地酒がつくられています』

S：「へっ！　地酒が多いのは吉宗のおかげだ」

＊「日本酒銘柄一覧」をパワーポイントで提示。

4 日本酒を製造していない都道府県

> **👥 グループ討議** 日本酒をほとんどつくっていない都道府県が3県ある。自然，歴史的条件などから，3県を答えなさい。

　Aグループは大阪，沖縄，青森，Bグループは鳥取，島根，東京，Cグループは長崎，鹿児島，高知をあげる。

＊理由を発表。

S：「大阪は，兵庫，京都が1，2位だから競争できない」

S：「沖縄は，江戸時代は日本の国ではなかったから」

S：「しかも，沖縄は山もなければ，川も少ない」

S：「東京は，大都会だから，昔はつくっていたが，今はやっていない」

S：「鹿児島は日本酒よりも焼酎では」

T：『正解は鹿児島，宮崎，沖縄の3県です。理由は，鹿児島や宮崎はシラス台地で，米づくりに適していません。沖縄は，君たちの意見の通りです。鹿児島県が日本一の作物は？』

S：「さつまいも」

T：『さつまいもから芋焼酎をつくっています』

S：「沖縄は泡盛だ」

T：『沖縄は日本酒より泡盛を好みます』

> **クイズ** 2010〜2012年平均によると，宮崎市は焼酎消費量が全国一である。生産量は，鹿児島県，宮崎県，大分県の３県で，全国の焼酎の何割を占めているのか？

T：『全国の焼酎の８割近くを占めています。鹿児島県は芋，大分県は麦が中心です。宮崎県では，米，麦，いも，そばなど様々な原料で焼酎がつくられています』

3 ＋αの展開例

　「地域調査」「身近な地域の歴史」のテーマにも応用できる。酒造業の盛んな西宮市の地域的特色を追究し，その地方的特殊性と，他の地域にも見られるのかという一般的共通性を探ることができる。

> **参考文献**
>
> ・こどもくらぶ編『調べる！47都道府県 生産と消費で見る日本』（同友館）2011年
> ・國村真「ものをつくる人びと〜西宮のお酒はかせになろう〜」（日教組67次教育研究集会）2017年
> ・上念司『経済で読み解く明治維新』（KK ベストセラーズ）2016年

第５章　地理的な見方・考え方を鍛える「日本の諸地域」大人もハマる授業ネタ　99

2 九州

人口の増えた福岡市と減った北九州市

1 地理的な見方・考え方を鍛えるポイント

　中核とした地理的事象は，他の事象とも関わり合って成り立っていることに着目して，それらを有機的に関連づけることで動態的に扱い，地域的特色や地域の課題を捉える見方・考え方が大切である。本稿では，九州地方を人口や都市を中核に考察するテーマを紹介する。

2 展開と指導の流れ

1 福岡市と北九州市の人口

グループ討議 次のグラフは，政令指定都市の2005〜2015年までの人口増減を示したものだ。（ア）（イ）（ウ）（エ）に当てはまる都市名を答えよう。

　　大阪市／横浜市
　　福岡市／北九州市

横浜市をアとするグループが多く，エを大阪市とするグループもある。

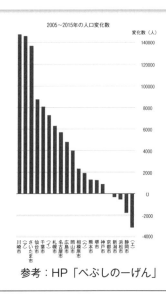

参考：HP「ぺぷしのーげん」

A 答え ア 福岡市／イ 横浜市／ウ 大阪市／エ 北九州市

S:「福岡市って人口が増えているんだ。新幹線が走っているからかな」
T:『北九州市の小倉も新幹線が走っています』
S:「空港があるから」「北九州市には空港はないね」「家賃も安そう」
T:『2015年の国勢調査では，福岡市の人口は，神戸市を上回り，政令指定都市では約153万人で5番目になりました。しかし，北九州市の人口は減っています。新幹線でわずか20分の2つの都市の人口を考えましょう』

2　福岡市で人口が増えるワケ

?考えよう　福岡の地図（略）から，人口が増える要因を考えよう。

S:「交通の便がいい」
S:「新幹線が通り，大阪，東京だけではなく，九州全域にも早く行ける」
S:「大都会だけど海や山に近く自然が豊か」
S:「九州にはいっぱい観光地や温泉があり日帰りでも行くことができる」
T:『都会の便利さと自然環境の両方があるということですね』
S:「空気も大阪，東京よりきれいそう」
T:『福岡市は"住みやすい都市ランキング"で世界7位です』
T:『人口増加を支えているのは，若者か高齢者のどちらでしょうか』（挙手させる）
T:『10代20代は，市内人口全体の約22％で政令都市ではトップです。若者が多い理由は？』
S:「働く場所がいっぱいある」「大学も多い」
T:『九州大学はもちろん，福岡教育大学をはじめ私学もあり，学生の割合は，2015年で7.1％と京都，東京都区部に次いで多いです』

　次の福岡市の数字は何のことを表したものか？
11分／世界4位／アジア13都市で1位

S:「家から学校までかかる平均時間」「市内一周にかかる時間」

T：『ヒントは飛行機です』

S：「飛行機に搭乗して出発するまでの時間」

T：『都心部から飛行場までかかる時間です』

S：「へっ！　すごい早い」

T：『福岡空港は都心部に近いところにつくられているということですね』

＊福岡市市街地が福岡空港に近接していることから，博多駅周辺，天神などは航空法上の制限があり，高い建造物が少ない。

3　起業家の多い福岡

> **❓考えよう**　福岡市は中国に近く，航空機，新幹線など交通の便がいい。しかも若者が多いという条件から，有利なことがある。それは何か？

S：「会社の営業がやりやすい」

S：「労働者も多く，販売するのに便利な位置にある」

T：『IT 関連企業も福岡で創業されているものがあります。君たちもスマートフォンなどでお世話になっているでしょう』

S：「ソフトバンク」「孫正義だ」

T：『日本で年間所得が一番多い，個人資産は２兆円を超えている人で，福岡出身の起業家として有名です』

＊起業の指標になる「開業率」（前年の全企業数に占める新規開業企業数の割合）も，福岡市は３年連続で日本一で，開業率は7.04%である（2015年）。

4　北九州市の人口が減るワケ

> **❓考えよう**　北九州市は，なぜ，人口が減っているのか？

＊1979年の約10万８千人をピークに減り続け，2018年には，約94万６千人になっている。

S：「炭鉱の町って何かイメージ悪い」

S：「炭鉱で働いている人が転出していった」

S：「でも，一時期少し増えているね」「八幡製鉄所で鉄をつくっていたから」

T：『でも，その後また減っていってしまっています』

S：「鉄の時代からステンレスやアルミニウムの時代に変化したから」

T：『福岡市は情報産業を軸に転換していきますが北九州市は対応が遅れました』

S：「若者が就職するなら福岡市ってことで転出していく」

S：「福岡市って商店とかレストランも多いから働きやすい」

T：『産業別の就業人口構成（平成22年国勢調査）を見ると，北九州市の第2次産業が24.9％，第3次産業が74.3％です。福岡市は，第三次産業は約85.4％を占め，政令指定都市としてはもっとも高い水準です。第二次産業が中心の主要都市は人口が減っています。これは，海外へ会社が移転し，産業空洞化したことにもよります』

3 ＋αの展開例

外国人も増加している。外国人の数は東京，大阪，神奈川がベスト3で福岡県は全国8位だが，2005年を100とした割合は150と多く，全国1位である（2017年）。また留学生の数も福岡市は約17,000人で，東京，大阪についで3位と多い。

参考文献

・牧野洋『福岡はすごい』（イースト新書）2018年

・『朝日新聞』2018年7月31日　多賀谷克彦編集委員記事

3 九州
耕地が少ないのに農業生産額が高い宮崎県

1 地理的な見方・考え方を鍛えるポイント

　位置や場所に関わる事象から地域的特色を明らかにする。また，人々は自然環境に働きかけ，自然環境を改変するなど，自然環境に影響を与えてきた。本稿では，宮崎県の農業から人間と自然環境との相互依存関係についての地理的な見方・考え方を鍛える。

2 展開と指導の流れ

1 宮崎県の気候

❓考えよう　宮崎平野は，夏は蒸し暑いが，高温にはならない。また，冬は比較的暖かく，快晴の日が多い。なぜそうなるのか？

S：「冬が暖かいのは南にあるから」
T：『それだけではありません。海に面していますよね』
S：「暖流が流れている」「黒潮だ」
T：『冬でも暖かいのでプロ野球をはじめスポーツチームのキャンプやゴルフ客が多数訪れます。宮崎市南の日向灘沿岸には，冬でも暖かいので無霜地帯があります。夏が高温にならないのは？』
S：「海に近いから」
T：『夏の南東季節風は海からの風なので高温にはなりません』

2 宮崎県の農業産出額

> **クイズ** 宮崎県の耕地面積は66,800haで全国20位，耕地率は86％で全国30位である。農業産出額は全国何位か（2015年）？
>
> 5位／10位／15位

答えは「5位」である。概ね以下のような割合である（2015年）。

米7.8%	野菜23.9%	畜産53.5%	その他14.8%

個別品目としては，「きゅうり」（1位），「ピーマン」（2位），「肉用牛」（3位），「若鶏」（1位）である。

3 促成栽培

宮崎県では，ビニールハウスで農作物の生育や収穫を早め栽培している。普通の露地栽培より早い時期に出荷できるため，高価格で販売できる。

ピーマン生産は茨城県が1位で，5〜10月あたりまでが東京卸売市場へのピークで，宮崎産は，11〜3月までの価格が高い時期に出荷する。

3 ＋αの展開例

じゃがいもの生産量は，北海道が約77％だが，第二位は長崎県で約4％である（2017年）。秋〜春は北海道のじゃがいもが日本の食卓に並ぶ。冬〜夏にかけて，九州など暖かい地方のじゃがいもが登場する。長崎県のじゃがいもは年に2回収穫でき，冬に植えて，春に収穫するじゃがいもと，秋に植えて冬に収穫するじゃがいもがある。時期をずらし出荷することで高価格で販売できる。

参考文献

・『地理統計 2019年版』（帝国書院）2019年

第5章　地理的な見方・考え方を鍛える「日本の諸地域」大人もハマる授業ネタ　105

九州

4 沖縄で豚，昆布の消費が多いわけ

1 地理的な見方・考え方を鍛えるポイント

　沖縄に行くと市場に耳肉（ミミガー），頭肉（チラガー）などの豚類が並んでいる。その背景には，琉球王国と中国との関係がある。「都道府県別統計とランキングで見る県民性」というHPによると，昆布消費量も生産地の北海道から遠方の位置にあるにもかかわらず11位と多い（2017年）。これも江戸時代の流通と関係している。地域の特色や変化を捉えるにあたっては，歴史的背景に留意して地域の特色を追究するよう工夫することが大切である。地域の生活文化との関連で，その歴史的背景を考える地理的な見方・考え方を鍛える。

2 展開と指導の流れ

1 琉球王国と中国

> **クイズ** 中国皇帝から，琉球の国王であることを承認してもらうことを冊封という。中国から冊封使が派遣され，琉球は定期的に宴会を開いて，もてなさなくてはならなかった。中国の使節団は何人くらいか？
> 　　　　約400人／約600人／約800人

T：『正解は，約400人で滞在期間は最大で8か月です。中国の使節団は何を食べたのでしょう』
S：「沖縄の郷土料理」「海産物」
T：『もちろん，いろいろな食べ物でもてなしましたが，使節団が滞在した

106

際には大量の豚肉が必要でした」

S：「400人が8か月とは，かなりの量が必要だ」

T：『このような歴史的な背景から，庶民は，廃棄された豚の内臓，耳，あばら肉を加工して食べていました』

＊豚肉の消費量は，東高西低で，1位の北海道，2位の青森に続き，15位までは東日本であり西日本では岡山が16位と最高である。ちなみに沖縄は20位にランクされている（2016年）。

2　昆布ロードと沖縄

　昆布の消費量が多いのは，岩手，青森など東北地方が多い。生産地である北海道は38位（2017年）と低位にランクされている。沖縄は11位（2017年）と消費量が多い。

> 【？考えよう】 沖縄の昆布消費量が多い理由について①〜④に当てはまる言葉を考えよう。
> 酸性の（①）とアルカリ性の（②）の組み合わせは栄養学的にもバランスがとれていること。また，高温多湿の沖縄では（③）の効く昆布は重宝な食品だった。歴史的には，琉球から中国へ昆布が輸出され，薩摩は大阪や下関で琉球の（④）を昆布に換え，その昆布を中国に運び薬品や唐物を入手した。

【Ａ答え】 ① 豚　② 昆布　③ 保存　④ 砂糖

3　＋αの展開例

　「シーチキンフレーク」の消費量は断突の1位（2017年）であり，スーパーでは箱入りで販売されている。この背景には，アメリカ文化との関連や"チャンプルー"（混ぜる）文化が関係している。

第5章　地理的な見方・考え方を鍛える「日本の諸地域」大人もハマる授業ネタ　107

中国・四国地方

らっきょうとカレー

1 地理的な見方・考え方を鍛えるポイント

　地形，土壌，気候，水，植生，人間生活などの「場所」と，「人間と自然環境との相互依存関係」を捉える。本稿では，鳥取県で生産されるらっきょうとカレーの関係から考える。

2 展開と指導の流れ

1　2000年代甲子園勝率47位

❓考えよう　鳥取県は2000年代の甲子園大会での勝率は47都道府県で最下位だ。その理由は？

S：「人口が少ないから」
T：『鳥取県は人口約58万人で全国47位です』
S：「学校までの距離が長く，あまり練習できない」
T：『気候は？』
S：「日本海岸気候なのでけっこう冬に雪が多い」「夏も暑い」
T：『人口や気候から考えて，練習という点からもなかなか厳しいです』

　2018年，全国高校野球選手権大会（甲子園大会）の春の選抜大会で優勝回数の多い都道府県は，「神奈川」「東京」などもあるが，「大阪」「広島」「徳島」「香川」「和歌山」など，どちらかというと瀬戸内海沿いが多い。年中温暖で降水量が少なく，特に，冬場に練習しやすいということにも起因していると考えられる。

2　らっきょうとカレー

　鳥取砂丘は乾燥帯ではない。年間約2,000mm以上の降水量があり冬には雪も降る。植物が育たないのは風により砂が動いているからだ。1923年頃から防砂林の研究がはじまり，1950年頃から植林が開始される。

クイズ　鳥取砂丘で最初に栽培された作物は何か？
　　　らっきょう／さつまいも／ながいも／なす／きゅうり／にんじん

T：『らっきょうが正解で鹿児島についで全国２位で約25％を占めています（2010年）。他の作物も栽培されています。らっきょうといえば？』
S：「カレー」
T：『鳥取県はカレーの消費量は多いのでしょうか？』
S：「鳥取カレーってあまり聞かない」
S：「横浜って感じかな？」「神戸とか港町のイメージ」
T：『総務省の家計調査品目別ランキング（2012〜2014年平均値）のカレールウ消費量で鳥取市は，金額，数量ともに１位です。らっきょうの消費量をアップするため，カレーの普及に取り組んでいます』

3　＋αの展開例

　「鳥取発！カレールウ消費量日本一堅守プロジェクト」には，市とカレーにまつわる"秘話"や料理教室，食べ比べなど多彩な企画がある。「日本一」を守り，鳥取県産米の消費拡大にも一役買うと，県の補助金を受けている。

参考文献

・こどもくらぶ編『調べる！47都道府県 生産と消費で見る日本』（同友館）2011年

第5章　地理的な見方・考え方を鍛える「日本の諸地域」大人もハマる授業ネタ　109

中国・四国地方

どうして島根県には"お肌美人"が多いのか

1 地理的な見方・考え方を鍛えるポイント

　主題を設けて課題を追究したり解決したりする活動を通して学ぶ。本稿では"お肌美人"という身近な事例から，島根県の自然環境を中核とした考察を行う。

2 展開と指導の流れ

1 "お肌美人"日本一は？

> **クイズ** "美人"が多い都道府県は秋田県だといわれている。それでは"お肌美人"第1位はどこだろう（2013年）。
> 　　　　**島根県／京都府／石川県／東京都／青森県**

　生徒の答えは「京都府」が多いが正解は「島根県」である。㈱ポーラの調査では，"お肌美人"の日本一は島根県だとのデータがあることを伝える。

> **Q発問** 総合1位の島根県ランキングデータで，"お肌美人"分野別の順位はどうなっているのだろうか？

　順次発問していく。テンポよく指名していくことが大切である。
・角層細胞が整っている　2位
・キメが整っている　3位
・ニキビができにくい　27位
・肌がうるおっている　3位

110

- シワができにくい　6位
- シミができにくい　7位

2　自然条件から考える"お肌美人"1位

❓考えよう　どうして島根県の人は一般的にお肌がきれいなのか？

S：「直射日光があたりにくい」
S：「晴れの日が少ない」
T：『年間日照時間を調べてみると2012年は，全国平均が1,927時間ですが，島根県は1,721時間です。全国何位でしょう』
　「1位」「3位」など，これも自由に発言させる。
　答えは「6位」である。

＊㈱ポーラの公式サイトによると以下のように書かれている（2013年）。

> 島根県は水蒸気密度が全国9位と高く，日照時間が全国11位と短いため，美肌を保ちやすい環境条件が揃っていることが昨年に続き不動の1位になったと考えられます。

＊水蒸気密度に影響を与える「年平均湿度」は全国平均が約69％に対し，約75％で堂々の全国4位と高い。

3　社会的要因から考える"お肌美人"1位

❓考えよう　生活習慣・体調アンケート（アペックス・アイ スキンチェック 生活習慣・体調アンケート）によると，「○○率が全国で最も低かったことも美肌に導いた要因の一つと考えます」と書かれていた。あてはまる漢字2文字を考えよう。

S：「結婚」「肥満」「外出」

T：『喫煙です。たばこは，お肌の荒れと関係しています』

4　どうして青森県は日本一じゃないの？

？考えよう　青森県の「年平均湿度」は約74％で島根県についで全国5位だ。「年間日照時間」は，1669時間と全国堂々3位だ。しかし，青森県の「お肌美人ランキング」は全国18位と平均並みである（2013年）。なぜ，日照時間が短く，年平均湿度が高い青森県が平均並みなのか。

S：「雪焼け」

S：「気温が低いから」

T：『青森県は，平均気温が低く，そのため島根県に"お肌美人1位の座"を奪われたようです』

3　＋αの展開例

　しじみと"お肌美人"との関係を考える。TV番組「所さんの目がテン！」の一部を紹介し，海産物"しじみ"に含まれている"オルニチン"という成分にも美肌効果があることを確認する。

クイズ　「しじみ生産」の日本一の都道府県は何県か（2011年）？

S：「島根県って小学校で習った」

T：『島根県は全国生産の25.52％で全国2位です』

S：「……」

T：『全国1位は青森県で全国の39.74％を占めています』

T：『「しじみ」というと，島根県の宍道湖が有名ですが，宍道湖の漁獲量は全国2位で，青森県の十三湖が1位，小川原湖が3位です。「しじみの消費量」は，島根県が全国1位で年間1,643ｇです。青森県は4位です

が，808gと島根県と比較して少ないです』

　中核方式は，中核とした地理的事象（本稿では「自然環境」）と，他の事象とも関わり合って成り立っていることに着目して，それらを有機的に関連づけ動態的に扱うことが大切である。

参考文献
・河原和之『スペシャリスト直伝！ 中学校社会科授業成功の極意』（明治図書）2014年
・こどもくらぶ編『調べる！47都道府県 生産と消費で見る日本』（同友館）2011年

7 近畿地方
古都奈良と京都の景観保護の是非

1 地理的な見方・考え方を鍛えるポイント

　地域においてどのような地理的事象が見られ，どのような地理的な課題が生じているか，また「地域のあり方」をめぐって，どのような課題解決のための議論や取り組みが行われているかを理解する。本稿においては，古都奈良と京都の景観保護を題材に，その実態や取り組みを考察する地理的な見方・考え方を鍛える。

2 展開と指導の流れ

1 近畿地方の高層ビル

> **クイズ** 近畿地方の次の順位は何か？　数字を参考に考えよう。
> 1位 大阪(300)　2位 兵庫(190)　3位 滋賀(133)　4位 京都(100)
> 5位 三重(100)　6位 和歌山(99)　7位 奈良(46)

S：「農作物の生産額」「近郊農業かな」
S：「漁獲高」「三重とか兵庫が多いのでは？」
T：『単位はmです』
S：「ビルの高さ！」
T：『そうです。もっとも高いビルの高さです』
＊大阪は，「あべのハルカス」，兵庫の「シティタワー神戸三宮」など，一問一答で確認する。

2 奈良の建物の高さ制限

> **?考えよう** 奈良でもっとも高いビルは，JR奈良駅のホテル日航奈良だ。この高さは46mだが，奈良市条例で，ある建物以上の高さのものをつくってはいけないことになっている。それは何か？

S：「東大寺」「大仏だ！」
S：「大仏って15mくらいだったよ」
S：「駅前の五重塔」
T：『興福寺の五重塔で高さは51mです。この建物より高いものをつくってはいけないことに決められています。なぜ高さ制限をするのでしょう』
S：「有名な寺がいっぱいあるから」
S：「高層マンションなどが建つと寺が見えにくくなる」
T：『少し高台にある東大寺二月堂に行ったことがありますが，ここから見る景色は奈良の寺をはじめ，生駒山脈の眺望がすばらしかったです。このように景観保護のために高さを制限しています』

3 平城京の旧イトーヨーカドー

> **クイズ** 下の写真は，「旧イトーヨーカドー」だ。この店は，平城京の南側にあった。このスーパーにはなく，他のスーパーにあったものとは何だろう。

S：「エレベーター」「駐車場」「食品売り場」「駐輪場」
T：『答えは地下売り場です。なぜ，地下がないのでしょうか』
S：「平城京の遺跡が埋もれているから」
S：「以前，住居跡が見つかったことがある」
T：『平城京だけでなく，奈良市では，文化財が埋もれているところで様々な工夫で保存が行われ

第5章 地理的な見方・考え方を鍛える「日本の諸地域」大人もハマる授業ネタ 115

ています』

＊平城京のど真ん中を近鉄電車が走っているが，これは，文化財保護の機運
　が高まった以前の明治末期に鉄道建設が着工されたことによる。

4　京都の景観論争

＊景観をめぐる資料を提示し説明する。

・1961年　京都タワー建設計画（100m）
　（東寺（54.8m）より高い建物は建てないという暗黙の了解があったとい
　われている）
・1988年　京都ホテルの建て替え（60m）
　　　　　　　後に，仏教界，市民団体の高層化反対運動
・1997年　京都駅ビル（59.8m）
・2007年　「景観眺望創生条例」
　〈眺望景観・借景の保全，屋外広告物の規制〉

> 　視界に入る建築物等の京都の優れた眺望景観を創生するとともに，
> これらを将来の世代に継承する。建築物等の外壁，屋根等の色彩は，
> 優れた眺望景観を阻害しない。

5　景観は保全すべきか？

？考えよう　景観保護についてどう考えるか。「きっちり保護すべき」
を「10」，「保護する必要はない」を「1」とし，ポストイットに意見を
書こう（心情円盤）。

＊黒板に数直線を書き，その箇所にポストイットを貼る。意見交換後，ポス
　トイットの位置を移動し，再度，話し合う。

10：奈良や京都は国内だけでなく外国からの観光客が多く，景観を保護する
　　ことによる経済的メリットがある

　8：町屋は，レストランや大学にも使用されており，観光にも役立っている

7：マクドナルドなどの色の規制は，逆に，集客効果があるのではないか

5：都心部に住んでいる人が，自宅を自由に改造できない。でも，町屋による経済効果も見込める

3：マンションやホテルが自由に建築できないのは問題がある

3 ＋αの展開例

　京都に町屋や寺社が残った大きい理由は，第二次世界大戦で空襲を受けなかったからである。空襲がなかった理由は，京都が原爆投下の目標だったからである（諸説あり）。この二つの理由を深く受け止め，景観保護を考えることも大切である。

参考文献

・地理教育研究会編『地理授業で使いたい教材資料』（清水書院）2014年

中部地方

8 魚沼産コシヒカリが美味しいわけ

1 地理的な見方・考え方を鍛えるポイント

　地理に関わる事象の意味や意義，特色や相互の関連を，位置や分布，場所，人間と自然環境との相互依存関係などに着目して多面的・多角的に考察する。本稿では，新潟県で米づくりが盛んな理由について考える。

2 展開と指導の流れ

◆新潟県で米づくりが盛んなワケ

　教室に魚沼産コシヒカリの米袋を持参する。魚沼の位置を地図帳で確認する。

> **❓考えよう** どうして新潟県では米づくりが盛んなのか？　また，なぜ魚沼産コシヒカリは美味しいのだろう。

T：『米づくりをするために必要なことは？』
S：「土地」「新潟平野」
T：『新潟は面積も広く米づくりに適していますね。他には？』
S：「水」
T：『日本海側は稲の育つ夏にはあまり雨が降りませんね』
S：「溜め池」「雪解け水」「なるほど。雪が多いから」
S：「冷たくてきれいな水がある」
T：『日本海側ということで有利な条件もあります。○○がきにくいです』
S：「台風」

118

T:『台風で日本海側は被害を受けることが比較的少ないですね。他は？』
S:「……」
T:『これは夏の被害でしょうか』
S:「冷夏」「冷害」「やませだ」
T:『太平洋側はやませによる冷害がありますが日本海側は少ないです。美味しさということではどうでしょう？』
S:「……」
T:『夏の雨は？』
S:「少ない」
T:『カラッとした日照りが続き，夏は寒暖の差もあるので，甘くておいしい米ができます』

＊新潟県（魚沼）の米が美味しい理由を以下の数点からまとめる。
「広大な土地」「冷たくきれいな水がある」「稲の育つ時期に少雨である」「台風が少ない」「冷害がない」「夏の一日の温暖差が大きい」

3 ＋αの展開例

いっそう美味しくする努力（人間と自然環境の相互依存関係）を，次の2点から考える。

・それなりにお金がかかる
・普通は冬季に使用するものだが，秋に利用している

固定して干すだけだと満遍なく乾かないので，リフトを使っている。リフトは夏や秋は動いていないので有効利用ともいえる。普通米は10kg5,000円以内だが，新潟の米の価格は10,000円を超える。

中部地方

日本一豊かな飛島村

1 地理的な見方・考え方を鍛えるポイント

　産業を中核とした考察の事例である。地域の農業や工業などの産業に関する特色ある事象を中核として、産業が地域の自然環境や交通・通信などと深い関係を持っていることを考察する。本稿では、日本一豊かな愛知県「飛島村」を事例に地理的な見方・考え方を鍛える。

2 展開と指導の流れ

1 ここはどこでしょう？

> **?考えよう** 次の文章の市町村は、どの都道府県にあるか。地図帳を参考にグループで考えよう。

　全体の面積は約22.42km²と小さく、人口は2019年、約4,800人。北部は農村地帯、南部は臨海工業地帯となっている。農村地帯では、水稲・麦・ホウレンソウ、ネギ、菊、バラ、パンジーなどの花卉などの栽培が盛んに行われている。臨海工業地帯には、輸送関連会社・倉庫会社・木材関連事業所・鉄鋼関連事業所・火力発電所などの本社もおかれ、港の物流の重要な地域である。

〈あるグループの討議〉
S：「農業も工業も盛んなところだね」「大都会に近い」
S：「港が近い」「人口が少ないから町か村」
S：「4,800人だから村では？」「村に臨海工業地帯？」
S：「大都市に近く、木材だから静岡県」

S：「北部は農村地帯，南部が臨海工業地帯というのもそうかな」

S：「静岡ってことで」

2　この市町村はどこか検証していこう

クイズ 一つ一つヒントとしてデータを紹介していく。わかった時点で，挙手して答えよう。

〈ヒント①〉平均海抜は－1.5m

S：「海に近いってことかな？」「静岡？」「宮城かも」「宮城にバラはない」

〈ヒント②〉2011年の歳入は約53億円，うち固定資産税は約30億円で，「財政力指数」は2.32（1だと歳入と歳出が同じ）。地方交付税（国からの援助）はなし

S：「へっ！　そんなに豊かな町なんだ」「人口からして村かな？」「愛知県？」

〈ヒント③〉昼間人口は約14,000人

S：「村の人口は少ないが，働きにくる人がいっぱいいるってことだ」

〈ヒント④〉中部電力火力発電所，H2Aロケットを組み立てる三菱重工，トヨタ自動車飛島物流センター，三菱自動車工業，UCC上島珈琲，がある

S：「中部電力とトヨタだから愛知県!!」

＊この村は，日本一豊かといわれている愛知県「飛島村」だ。

3　なぜ，日本一豊かなのか

＊飛島村の位置を確認する。

考えよう 飛島村の位置から，豊かな秘密を考えよう。

S：「会社や工場がつくりやすい」

S：「ヒント④にあったように，三菱やトヨタなどの大きな会社がある」

S：「名古屋にも近く，消費地に近い」

S：「働く人もいっぱいいる」

第5章　地理的な見方・考え方を鍛える「日本の諸地域」大人もハマる授業ネタ　121

S：「伊勢湾岸自動車道という高速道路が走っているので輸送が便利」

S：「木曽川に近く，工業用水も手に入れやすい」

S：「名古屋港も近くにあり輸出もしやすい」

S：「ここから税金がいっぱい入ってくる」

S：「昼間の人口が約14,000人ってことは，買い物もしてくれるのでは」

T：『消費地名古屋に近く労働者を確保しやすいという要素と，高速道路や港などの交通の便利さが主要な要因ですね』

4　マイナスからプラスへ

Q 発問 飛島村はもとは貧しい村だった。輪中といわれる地域で，昔からある災害で悩んでいた。何か？

S：「洪水」

T：『そうですね！　1959年の伊勢湾台風では壊滅的な被害を受け，約130人が亡くなっています。また，ノリの養殖場も流されました。このマイナスをプラスに転化したのが飛島村です』

S：「……」「災害復興支援」

T：『実は，海岸部が埋立地になったのです』

S：「そこに，会社・倉庫・発電所などがおかれたんだ」

T：『愛知県という第二次産業の盛んな県にあり，名古屋港にも近いという地の利をうまく利用し，そこに埋立地をつくるという，人間の自然環境への関わり方で，日本一豊かな村が誕生しました』

3　＋αの展開例

「日本一豊かな村の福祉政策」について紹介する。

・子どもの医療費は18歳まで無料

・子どもが小学校，中学校に入学した場合は10万円の祝い金

・住民が出産すると10万円の祝い金

・4.3.2制の独自の義務教育を実施

・中学生に対しては，無料のアメリカへの海外派遣事業

・老人に対しては，90歳で20万円，95歳で50万円，100歳で100万円が支給される

＊居住したいという意見が多く出ると思うが，村には住宅地区のスペースはあまりなく，農地と工業地で確保されていることを伝える。

参考文献

・『朝日新聞』2014年5月4日

・徳田和洋「日本一豊かな村，飛島村のヒミツ」第20回学びあう教材・授業づくり研究会 2018年

関東地方

からっ風って何？

1 地理的な見方・考え方を鍛えるポイント

　群馬県で冬に見られる北西風は「からっ風」として有名だ。本稿では，「からっ風」を通じて，地形，土壌，気候，水，植生，人間生活などの「場所」と，「人間と自然環境との相互依存関係」の地理的な見方・考え方を鍛える。

2 展開と指導の流れ

1　からっ風って？

> ✏️**書く**　群馬県といえば「からっ風」が有名だ。漢字で書いてみよう。

「空っ風」が圧倒的に多いが，「辛っ風」「殻っ風」という回答もある。

T：『なぜからっ風というのでしょう』
S：「乾いているから」「乾燥している」
T：『水分をあまり含まない乾燥した風ですね。山を越えて吹きつけます。空気中の水蒸気が雨や雪となって山に降りるため山を越えてきた風は乾燥した状態になります。「空っ風」「乾っ風」と書きます』

2　からっ風とお肌

> 🔍**発問**　乾燥した風が，冬に吹くといろいろ影響がでてくる。例えば，どんなことがあるだろう。

S:「火事が起こりやすくなる」「風邪を引きやすい」「お肌が荒れる」(笑)
T:『お肌が乾燥して，潤いがなくなりますよね。特に，女性は大変です。㈱ポーラという化粧品会社が毎年，お肌美人度を測定しています。2013年，群馬県は47都道府県中，何位でしょう？』
S:「46位」
T:『47位は？』
S:「かなり寒い北海道」
T:『群馬県が47位です。これもからっ風によるところが大きいです。日照時間は全国4位です』

3 こなもん県群馬

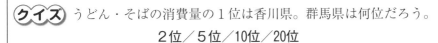
うどん・そばの消費量の1位は香川県。群馬県は何位だろう。
2位／5位／10位／20位

　答えは「2位」であり，1年間に約5,000円の消費額である（2010～2012年平均）。人口10万人あたりのうどん店舗数も同様で2位（2014年）である。

T:『群馬県の小麦の生産は全国4位です。なぜ小麦生産が多いのでしょうか？』
S:「降水量が少ないから」「からっ風っていうくらいだからね」
S:「乾燥している」
T:『全国で4番目に日照時間が長いこともその要因です』

3　＋αの展開例

　群馬県を象徴する言葉として，"かかあ天下"がある。かつて上州と呼ばれた群馬県は養蚕が盛んであり，妻の経済力が夫より高い家庭が多かったことによる。2015年4月24日，文化庁は日本遺産の18件の一つとして「かかあ天下 ―ぐんまの絹物語―」を選んだ。

関東地方

千代田区の人口変化

1 地理的な見方・考え方を鍛えるポイント

　国内の人口分布は，平野部の大都市圏，特に東京23区に集中している。だが，過去においては，「ドーナツ化現象」といわれ郊外へと人が移動していった。しかし今，"都心への回帰"が進んでいる。なぜ，そのような変化が起こってきたのか？　東京都千代田区の人口変化から考える。

2 展開と指導の流れ

1 大きく変化した千代田区の人口

?考えよう　次の表は東京都千代田区の人口の変化を示したものである。2015年を予想しよう（「0／4／5／6／8」の数字を並び替えよう）。

年	人
1886年	154,765
1920年	217,682
1945年	44,412
1955年	122,745
1975年	61,656
1995年	34,780
2010年	47,115
2015年	?

 答え　58,406人

2　なぜ変化したのか？

グループ討議 ①～④を分担しグループで次のことを考えよう。

① 1920～1945年までに人口が減少した要因

② 1955年に急激に増えた要因

③ 1975年，1995年に急激に減った要因

④ 2010年，2015年から増えている要因

① 1923年の関東大震災と戦争時の空襲対策により多くの人が疎開した

② 高度経済成長時代に東京への人口集中がはじまった

③ いわゆるドーナツ化現象により都市郊外に人口が分散した

〈④の議論〉

S：「職場に近いほうが便利だから」「だって満員電車は嫌だから」

S：「通勤の時間を他のことに利用できる」「でも土地も家賃も高いのでは」

S：「大阪でも都心部には高層ビルがつくられ，市内の人口が増えている」

S：「時間の無駄が嫌で，家賃が高くても便利な都内で住むようになった」

T：『1991年のバブル崩壊以降，地価は安くなっています。また，地震など
　　にも対処可能な高層ビルを建設できる技術の進歩も影響しています』

3　＋αの展開例

「新四畳半暮らし」という若者の生活スタイルがる。「スマホ」と「コンビ
ニ」を有効に利用した，狭いが快適な生活を追究するスタイルである。

＊テレビ，ラジオ，電話，新聞→スマホ　＊冷蔵庫，電子レンジ→コンビニ
＊洗濯機→コインランドリー

参考文献

・田村秀『地方都市の持続可能性』（ちくま新書）2018年

・河原和之『100万人が受けたい「中学地理」ウソ・ホント？授業』（明治図書）2012年

第5章　地理的な見方・考え方を鍛える「日本の諸地域」大人もハマる授業ネタ　127

東北地方

青森県でりんご生産が多いわけ

1 地理的な見方・考え方を鍛えるポイント

　青森県のリンゴ生産は，日本全体の生産量の約56％（2011年）である。位置，地形，気候，歴史，空間的相互依存作用などから，多く生産される理由を多面的・多角的に考察する。

2 展開と指導の流れ

1 青森県のりんご生産

　教室に数種類のりんごを持参する。「つがる」「王林」「サンふじ」など名称を当てる。りんごの収穫量の多い都道府県ベスト5を確認する。1位青森，2位長野，3位岩手，4位山形，5位福島と東北地方が多い（2017年）。地図帳でりんごのマークを探す。楽しそうに探している。青森県では津軽平野が中心であることを確認する。

2 なぜ青森県ではりんご生産が盛んなのか？

グループ討議 次の（　）に当てはまる言葉を答え，リンゴ栽培が盛んになった理由を考えよう。

① 夏が涼しい→実が（　　）ならない
② 秋の冷え込み→色を（　　）にする（年平均気温が6～14度が最適）
③ 雨が少ない→雨が多すぎると（　　）が発生しやすい
④ 冬の降雪は寒い割にそう多くない→大雪は（　　）が枝折れする

⑤ 冬の寒さ→木を冬眠させ，次の収穫時期に実をつける力を木にたくわえる

> **Ⓐ答え** ① 柔らかく　② 赤く　③ 病虫害　④ 樹木

3　歴史的，社会的条件は？

　歴史的には，りんご栽培は，内務省がアメリカから輸入した苗木を各地に配布したことからはじまった。明治初期，士族の仕事保障としてりんご栽培が行われる。また，青森県には大土地所有の地主が多く，大規模なりんご園が開設されたことも要因である。社会的には，東北本線の開通により京浜地区への出荷が可能になったことも大きい。

3　＋αの展開例

　他の産物についても自然的条件をはじめとする，様々な条件から分析することが大切である。例えば，「お茶」である。静岡県はお茶の生産が多い。それは，近くを暖流が流れ，陽あたりがいいという自然条件のためである。歴史的には，隣の愛知県は寺院が日本一多く，昔からお茶の産地であったことや，江戸時代末期，徳川慶喜が静岡に幽閉された折の "御付き" 300数名の士族の仕事保障，また，明治時代になり橋がつくられ失業した大井川の "渡し" の失業対策としてお茶の栽培地が拡大したことによる。

参考文献

・宇田川勝司『なるほど日本地理』（ベレ出版）2014年

東北地方

なぜ三陸沖は好漁場なのか

1　地理的な見方・考え方を鍛えるポイント

　日本の地形や海流など自然環境との関連で事象を捉える地理的な見方・考え方を鍛える。本稿では，三陸海岸で漁業が盛んな理由を海流から考察する。

2　展開と指導の流れ

1　石巻港で水揚げされる魚

> **クイズ**　宮城県石巻港で水揚げされる魚を次からグループですべて選びなさい。
> さば／かつお／まぐろ／にしん／たら／さけ／ます／えび／海草／かに

S：「暖流と寒流が流れているから両方から流れてくる魚が獲れる」
S：「海草は獲れるようには思えない」「かにはない」
S：「さばって暖流系だっけ？」「そうじゃない」
S：「かつおは暖流系だけど，四国しか無理なのでは」
　あるグループの答えは，さば，まぐろ，にしん，たら，さけ，ますだった。答えは，すべて○である。

2　多種多様な魚が水揚げされる石巻

> **?考えよう**　なぜ，石巻では多種多様な魚が獲れるのか。

S：「寒流の千島海流と暖流の日本海流が流れ，それぞれの潮の流れに乗っ

130

てくる魚が生息しているから」

T：『そうですね。でも，わかめなどの海藻類やウニやナマコも，水揚げ量
　は多くありませんが，獲ることができます。三陸海岸がリアス式海岸で
　あることから考えましょう』

S：「波が緩いから，岩にわかめやなまこなどがへばりつく」（笑）

T：『三陸海岸は岸からすぐ深くなります。海岸の底はどうなっていますか』

S：「岩場」「ゴツゴツしている」

T：『岩礁や砂礫が多いので，わかめやあわびなどの生育にも適しています』

3　石巻の水揚げ量の変化

❓考えよう 下は，石巻港の水揚げ量の変化だ。2011年の水揚げ量は？

年	水揚げ量（t）
2005	約16.6万
2008	約13.5万
2011	?
2014	約9.8万
2017	約11.2万

「7」「5」「8」「3」などと口々にいう。答
えは約2.8万tである。東日本大震災の影響で
減ったものの，それ以降，回復の傾向にあるこ
とを紹介する。

3　+αの展開例

　気仙沼の自然の雄大な循環・繋がりに焦点をあてた事業を展開している
NPO法人「森は海の恋人」の活動を紹介する。

参考文献

・現代教育調査班『教科書には載っていない日本地理の新発見』（青春出版社）2018年

東北地方

東北の未来像を構想する

1 地理的な見方・考え方を鍛えるポイント

　地域を捉える際には，現在の地域だけではなく，変容してきた，変容していく地域も視野に入れ，過去，現在，未来を見通す視点も必要である。本稿では，東北の過去・現在から将来を見通し，構想する地理的な見方・考え方を鍛える。

2 展開と指導の流れ

1 地理的・歴史的条件を活かした東北地方の取り組み

❓考えよう　下のA～Gの地域に住む中学生が，自分の住んでいる街や東北の未来について考える。東北の「課題（問題）」と思う箇所に波線，「未来」を感じられる部分に下線を引こう（内容は略して記述している）。

132

〈A 小坂〉

　私の住んでいる小坂は日本三大銅山の一つに数えられていました。しかし，1980年代に安い輸入鉱石との競争から，閉山に追い込まれました。1999年には，国がこの地区を"エコタウン"に指定しました。また，2007年には，100年を越す歴史の中で蓄積された技術を活用し，地区全体がリサイクル工場に生まれかわりました。廃棄される家電や携帯，スマホなどを資源と見立てる「都市鉱山」という呼び名があります。金（約16％）銀（約22％）銅（約8.1％）アンチモン（約19％）などはスマホの中に含まれている金属を世界の産出量との関係を示したものです。精錬の技術を生かし，この町を再生していきたいと思っています。チャンスは2020年東京オリンピック・パラリンピックです。

〈B 大潟村〉

　私の村は，日本第2の広さの湖「八郎潟」を干拓してできた村です。第2次大戦後の食料不足解消と，大規模な機械化による新たなモデル農村を建設するために作られた村です。全国から56名の農民が入植し，1978年には589名になりました。米の作付け面積を減らすという「減反」の時期を乗り越え，広くて見通しのいい土地を生かした次世代自動車レースなど環境に配慮した各種イベントも行われています。大潟村の強みは，農地の広さが全国平均の11倍ということ，また一人当たりの村民所得も県内1位です。この村をさらに日本のモデル農村として発展させていきたいです。

〈C 盛岡〉

　私の住んでいる盛岡市は，南部鉄器で有名です。南部鉄器は，17世紀中頃からつくられはじめ，良質な原材料に恵まれ茶釜から日用品にいたるまで広い用途で製品化されていました。第2次大戦後はアルミニウム製品に押されるなど需要が減るようになりました。最近は，色やデザインに工夫がこらされ，若者や海外でも人気の付加価値のある製品がつくられています。南部鉄

第5章　地理的な見方・考え方を鍛える「日本の諸地域」大人もハマる授業ネタ　133

器だけではなく，東北地方の将棋の駒，漆器，こけしなど伝統工芸品を守り
発展させていきたいと思います。

〈D　土湯温泉〉

　私の家は福島駅から南西方面6kmの土湯温泉にあります。この温泉は，東
日本大震災と福島第一原発事故の影響，そして，風評被害により観光客が激
減し，16軒あった旅館のうち6軒が休廃業に追い込まれました。でも，2012
年，土湯温泉は，温泉蒸気と温泉熱水を利用し，地熱発電と小水力発電を行
ってい，電力を東北電力に販売しています。16号源泉バイナリー発電所では
年商1億円の収入があり，約8年で，投資資金が回収できる予定です。

〈E　大衡村〉

　私の村は，宮城県のほぼ中央に位置しています。中央部には国道4号，東
部を走る東北自動車道には大衡インターチェンジが設置されています。また，
大衡工業団地から仙台駅までは約27km，仙台空港は約39km，仙台港は約28km
です。こんな立地条件から，2012年，日本最大手の自動車会社が大衡村に完
成車などの工場を設置しました。この会社では小型車生産の中核となり，部
品などを提供する取引先の進出も進み，5年間で約2,000人の雇用が増えま
した。この条件を生かし，私の村だけでなく，東北全体の工業の発展を目指
したいです。

〈F　石巻〉

　私の住む宮城県石巻市は，漁業の町です。かきやほてなどの養殖だけで
はなく，かまぼこ，わかめ，ふかひれなどの水産加工業が盛んです。ですが，
1999年には，87の水産加工場がありましたが，2012年には46に減少しました。
その要因は，水産加工品の輸入の増加による価格の下落と，2011年の東日本
大震災による水産加工場の破壊です。また，残った水産加工場の製品も風評
被害で売り上げが落ちていました。しかし，養殖やわかめの生産量などは，

134

震災以前にもどりつつあります。石巻ふくめ東北の漁業が，震災被害を乗り越え，さらに発展することはできないでしょうか？

〈G 大仙市〉

　私の住む町，大仙市（大曲）といえば，8月に開催される花火大会です。東北地方の祭りは，仙台たなばた，青森ねぶたなど，多くは夏の7月8月に行われます。それは，やませによる冷害もなく，豊作になるようにという人々の願いです。東北地方は，祭りだけではなく多くの観光地があります。十和田湖，奥入瀬川や世界遺産の白神山地，平泉の金色堂などです。果物も，さくらんぼ，もも，りんごなど美味しいものがいっぱいあります。観光資源を生かした東北地方の活性化が可能だと思います。

2　街をアピールしよう

　A〜Gに関係する資料を配布する。地域を分担後，教師が，それぞれのグループに入り，生徒とのやり取りを通じて学習する。

> 👥**グループ討議**　A〜Gの一つを選び，東北からの未来に向けたメッセージについて考えよう。

＊3例を紹介する。

〈A 小坂〉

S：「いったん潰れた鉱山がスマホで再生なんてすごい！」

S：「オリンピック・パラリンピックのメダルをつくるんだ」

S：「昔の技術が生かされるってのがなかなか」

T：『明治の終わりには小坂町の人口は2万数千人で，秋田県内では，秋田市についで多かったです』

S：「鉱山が盛んだった頃だ」

S：「その後は減ってきたってことか」

T：『2015年には，5,339人だから，その減少ぶりがわかります』

第5章　地理的な見方・考え方を鍛える「日本の諸地域」大人もハマる授業ネタ　135

S：「それが，今盛り返そうとしているんだ」

T：『過去の栄光を上手く生かすことで，生き残りをかけています。小坂鉱
　　山の技術を活かしたリサイクルという環境に優しい事業がいいですね』

S：「でも，人はこないのでは？」

T：『観光では，鉱山の近代建築や十和田湖も近いので希望はありますよ』

〈D　土湯温泉〉

S：「地熱発電っていうのは，未来を感じる」

S：「でも地熱発電でどれくらいの人数の電気を賄えるのか？」

T：『源泉の蒸気や熱水で約900世帯の電気を賄えます』

S：「へっ！　けっこう多いんだ」

S：「他には？」

T：『電気を売って得た利益は，高齢者や高校生にバスの定期券を配布する
　　など地域に還元しています』

S：「これだけでは，施設代などもかかるから採算がとれないのでは？」

T：『エビの養殖もやっています。25度前後の養殖に適した水を安定的につ
　　くり出すことができ，9つの水槽で約4万匹のエビを養殖しています』

〈G　大仙市〉

S：「東北には有名な祭りが多いから，観光客にきてもらおうということか
　　な？」

S：「世界遺産もいっぱいあるから」「美味しいものもいっぱいあるよね」

S：「山形で食べた桃はかなり美味しかった」

S：「青森のりんごも」

S：「東北の果物ってなぜ美味しいのかな？」

T：『特に山形県は，生産も多いです。西洋梨・サクランボは日本1位，ブ
　　ドウとスイカとりんごは3位です（2017年）。雪が降る寒冷地ではあり
　　ますが，降雪量はそう多くないこと，昼夜の寒暖差が大きく，糖度が上

がり，色づきのいい果物が育つため美味しくなります』

A〜Gについて，それぞれのアピール点をプレゼンする。

3 ＋αの展開例

Aに関して，「鉱山都市」の命運は何か？　他の都市との比較で考えさせたい。典型は，「観光」をキーワードに活路を見出そうとした北海道夕張市である。スキー場や遊園地，「ロボット大科学館」などの中途半端な箱ものである。例えば，「ローラーリュージュ」という遊具は6億ほどかけた上で，取り壊しになった。一方で，島根県石見銀山や長崎県軍艦島のように，当時の姿を残し，観光客が訪れているところもある。

参考文献

・田村秀『地方都市の持続可能性』（ちくま新書）2018年

第6章

地理的な見方・考え方を鍛える

「地球的課題」
大人もハマる授業ネタ

地球環境問題

地球温暖化とグローバル化に翻弄される島々

1 地理的な見方・考え方を鍛えるポイント

　先進国の大量消費が温暖化を起こし，対極にあるツバルなどの太平洋諸島が被害を受けている。その被害は海面上昇による国の消滅だけではなく，先進国の食生活が島々にも押し寄せ，肥満が増え健康被害も増加している。地理的な課題については，自然環境と人々の生活との関わりが影響し合う「持続可能性」などに着目して課題を設定し考察する。

2 展開と指導の流れ

1　あれっ！　何をしているの？

> **フォトランゲージ**　下のイラストはインド洋のモルディブです。どんな場所で何をしているのか？

S：「プールの中？」「目が悪い人？」
S：「酸素マスクをしているから水の中」
T：『場所は海中です』
S：「何か書いてる」
S：「サインしている」「紙は防水かな？」
T：『モルディブは，平均海抜1.5m，およそ

　　1,200の島々で構成されます。2009年この国で潜水服に身を包み，深さ6mの海中で閣議を行い，国際社会に対して，二酸化炭素の削減を求める書類に署名しました』

2 南太平洋の国々

クイズ （ ）にあてはまる南太平洋の国名を答えよう。
① オシャレに髪を（　　）よ
② 目を閉じて……さらば（　　）よ
③ （　　）らしを食べて口の中が真っ赤っか！
⑤ ファジーじゃないよ！（　　）だよ！

A 答え ① キリバス　② ツバル　③ トンガ　④ フィジー

　下の写真（筆者が大阪難波で撮影）を示し，どこの国の観光ポスターかを問う。答えは，ニューカレドニア。
　以下のことを解説する。
・ツバルは世界で2番目に面積の狭い国である
・フィジーは，南太平洋の海に囲まれた330の島のある国
・ニューカレドニアは，フランス領土でフランス系白人の定住も進んだが，マラリアなどの病気もなく，海洋に隔てられていることから流刑地になった

3　島がなくなる！　どうする？

クイズ　ツバルは，島全体が海とほとんど同じ高さにあり，首都フナフティは，もっとも高い箇所にあるが，海抜何mか？
約1m／約5m／約10m

A 答え　約5m（2019年）

　温暖化が進行することによって，氷河や永久凍土など，陸地にあった氷が解け，年々海面が上昇し，このままのスピードで温暖化が進むと，水没してしまうといわれている。

? 考えよう サンゴ礁の島なので山や川もなく水確保の課題がある。どうして水を得ているのか？

S：「海外から輸入」「雨水」

S：「地下水」「海の水を淡水化する」

T：『飲料水は，かっては地下水が利用されていましたが，現在は雨水をコンクリートやプラスチックでつくられたタンクにためています。最近は，日本の協力もあり海水淡水化装置が導入されました』

　2013年7月温暖化対策の国際会議で，フィジーのバイニマラマ首相が訴えた。「キリバス，ツバルが国を海に沈ませない戦いに敗れたとしても，フィジーは見捨てない。両国の人に恒久的な避難場所を与える」と。

Q 発問 キリバスやツバルはどういう対策をしているのだろう。

S：「世界に訴える」「堤防を築く」

T：『砂浜の造成や堤防工事をしています』

S：「海水が入ってくると困るよな」「作物がつくれなくなる」

T：『塩害ですね。耕作不能になる事態にそなえてどうしましたか』

S：「やっぱり堤防」「他に移る」

T：『これも一つの方法ですね。両国とも既にフィジーに広大な農地を購入しました』

＊地球温暖化と海面上昇との関連については疑問視されている。ツバル，フナフチ環礁の地形的・社会的背景というローカルな要因が絡みあった被害だという見解もある。

3　＋αの展開例

　グローバル化により，先進国の食生活が島々にも押し寄せ，肥満が増え健康被害も増加している。トンガ共和国では，男女とも平均体重が95kg台で成

人の約70％が肥満である（WHO／2014年）。太平洋の島々で肥満が増えた理由を考える。もともと主食は，タロイモ，ヤムイモ，魚，ヤシの実，豚，ニワトリなどだったが，グローバル化により，アメリカからは肉類，七面鳥の尻部，オーストラリアやニュージーランドからは羊の皮が輸入された。伝統的食事に代わって，高カロリーな食品が食卓に並ぶ機会が増えた。人々は格安で，調理の手間がかからない消費に走る。肥満が増えると健康を害し，医療費が増える。また医療機関が不十分な島国では，十分な治療ができない。

参考文献

・吉岡政徳，石森大知編著『南太平洋を知るための58章メラネシア ポリネシア』（明石書店）2010年
・ジェシカ・ウィリアムズ『みんなで考えよう 世界を見る目が変わる50の事実』（草思社）2007年

2 都市化

都市への人口集中

1 地理的な見方・考え方を鍛えるポイント

　グローバル化する国際社会において，人類全体が取り組まなければならない課題である「居住・都市問題」をとりあげる。本稿では，我が国の平野部への人口集中を諸外国と比較する地理的な見方・考え方を鍛える。

2 展開と指導の流れ

◆人口から考える都市化

　人口集中地帯とは，おおむね人口密度が1 km²あたり，4千人以上で，人口総数が5千人以上の地域のことをいう。

> **クイズ** 都市人口率について次の問いに答えよう。
> ① 都市人口率が100％の国はあるのだろうか？　○か×か
> ② 1950年の日本の都市人口率は53.4％であった。1970年は71.9％，それでは，2014年は右のどれか？　約83％／約88％／約93％
> ③ 日本の三大都市圏（東京，名古屋，大阪）には，日本の人口の何％が集中しているか？　約30％／約50％／約70％

> **A 答え** ① ○。香港，シンガポールなど4か国がある
> ② 約93％
> ③ 約50％

> **グループ討議** ①〜⑥の国々の都市人口率の変化は，A〜Fのどれか考えよう。左の数字は1950年，右は2014年である。
>
> ① インド　② 韓国　③ マレーシア　④ 中国
> ⑤ アメリカ合衆国　⑥ オーストリア
>
> A 64%→81%　B 17%→32%　C 21%→82%
> D 20%→74%　E 12%→54%　F 77%→89%

S:「インドは人口が多く，広いから，バラバラって感じで，Bかな？」
S:「でも，Eもそれに近い」「人口が多いっていえば中国も……」
S:「中国は，昔は農業中心で，今は経済発展しているからFだわ」
S:「インドはBに間違いない」
S:「今80%を超えているのは，韓国かアメリカでは？」
S:「アメリカは昔から工業が発展しているから，Aだわ」
S:「ってことは韓国がCでは？」「韓国って急激に経済発展したから」
S:「マレーシアは韓国ほどではないからDだわ」
S:「マレーシアのクアラルンプールは人口が集中しているんだ」
S:「ってことはオーストラリアがFだけど，なぜ昔から都市人口が多いんだろう」「国全体が乾燥帯で，都市以外のところは人が住んでないから」
S:「確かに，シドニーやメルボルン以外は人口が少ない」

答え ① B　② C　③ D　④ E　⑤ A　⑥ F

3　＋αの展開例

　沖縄の人口は約142万人であるが，那覇市のほか豊見城市，浦添市などの「那覇都市圏」に約82万7千人の人口を擁する地域となっている（2019年）。この要因を分析する。

持続可能性

リンとナウル共和国

1 地理的な見方・考え方を鍛えるポイント

　自然環境と人々の生活との関わりが影響し合う「持続可能性」などに着目して、課題を設定し、考察する。本稿では、南太平洋の島国であるナウル共和国の、反「持続可能性」を題材に地理的な見方・考え方を鍛える。

2 展開と指導の流れ

1　ナウルってどんな国？

> **クイズ**　ナウルの面積は、20㎢で世界で3番目に狭い。次の①〜③のことは、AかBのどちらか？
> ① 人口　　　A 約1万人／B 約5万人
> ② 経済全盛期（1980年代）の一人あたりGDP
> 　　　　　　A 日本より多い／B 日本と同じくらい
> ③ もとはどんな人が住んでいたのか
> 　　　　　　A 流刑地オーストラリアからの逃亡者
> 　　　　　　B 漁業していた人が難破して漂流

> **A 答え**　① A
> ② A　GDPは日本の3倍である約20,000ドルで世界1位
> ③ A　この島で最初に暮らした欧米人は、流刑地であったオーストラリアから脱獄したアイルランド人だった

2 リンに依存した国

　ナウルは，経済全盛期一人あたりのGDPが2万ドルを超えていた（1980年代）。島に生息するアホウドリの糞が堆積して変化を起こし，島中をリン鉱石が覆った。リン鉱石が化学肥料の原料とし，高く売れたのだ。

> **❓考えよう**　どんな生活をしていたのだろう。

S：「税金がない」「医療や教育費が無料」「電気代も無料」

T：『全年齢層に年金が支給されていました。高校生，大学生は国のお金で海外留学ができました』

S：「家事とかは？」「それは無理だわ」

T：『トイレも国が掃除してくれていました。個人の住宅の片づけや掃除のために，国が家政婦を雇いました』

S：「へっ！　びっくり！　みんな働かなくなる」

3 さて……どうなったか？

> **クイズ**　1990年代から，リンがなくなると，国家財政は破綻した。結果，どうなったか？　①と②にあてはまる言葉と数字を考えよう。
>
> ・国民のほとんどが労働を知らないので学校で（ ① ）を教えている
>
> ・失業率は約（ ② ）％になっている

> **A答え**　① 働き方　② 90

3 ＋αの展開例

　電力，燃料，飲料水不足になり，諸外国からの援助により生活している。自国資源に頼るだけでは，いずれ経済は破綻し国は崩壊することと，自立のための政策が大切であることを確認する。

第6章　地理的な見方・考え方を鍛える「地球的課題」大人もハマる授業ネタ　147

あ　と　が　き

　改めて「見方・考え方」とは何だろう？「13歳で結婚，14歳で出産，恋は，まだ知らない」。貧困の中で，過酷な人生を送っている途上国の女の子に「毎日」起こっている現実である。卒業前に，日本の女の子が，好きだった男の子の「第二ボタン」を懇願する淡い恋心がある。これは，戦時中に，出征する若者たちが戦場への旅立ちの日に，一番大切な人に思いを伝え形見として軍服の第二ボタンを渡していたことに由来する。第一ボタンを取るとだらしないが，第二ボタンだとわかりにくく，敬礼のときには手で隠れるためだといわれている。淡い「恋心」を通して，また「同世代」の若者から，世界と戦時中の"ほろ苦く"も"痛ましい"事実が心に沁みわたる。「見方・考え方」とは，こんな事実から学び，他者との対話の中で，感性や認識を鍛えていくことではないだろうか？

　本書は，以上のような視点から「見方・考え方」に関する実践事例やプランを提案したものである。私は，すべての生徒が意欲的に学べる"学力差を乗り越えた"授業をすることが，教師の"仕事の流儀"だと考え実践してきた。大学教育でも，それは同様である。手前みそだが，ある学生が「先生に習って，はじめて勉強って面白いと思いました。中学校時代に習っていたら，勉強が好きになっていたかもしれません」と，最後の授業で声をかけてくれた。また，別の学生は「先生の授業は万人に愛される授業だと思います」といってくれた。"わからない"とは叫ばないが，"机に伏す"子どもたちに，何をしてきたのか？　私たちは，自問自答をすべきではないだろうか？

　本書は，13冊にも及ぶ著書を刊行させていただいた，明治図書出版の及川誠さんの尽力によるものである。また，校正，データ等を確認していただいた杉浦佐和子さんにも感謝している。この場を借りてお礼を申し上げたい。

2019年7月　　河原　和之

【著者紹介】
河原　和之（かわはら　かずゆき）
1952年，京都府木津町（現木津川市）生まれ。
関西学院大学社会学部卒。東大阪市の中学校に三十数年勤務。
東大阪市教育センター指導主事を経て，東大阪市立縄手中学校退職。
現在，立命館大学，近畿大学他，8校の非常勤講師。
授業のネタ研究会常任理事。経済教育学会理事。
NHKわくわく授業「コンビニから社会をみる」出演。

【著書】
『「歴史人物42人＋α」穴埋めエピソードワーク』『100万人が受けたい「中学社会」ウソ・ホント？授業』シリーズ（全3冊）『「本音」でつながる学級づくり 集団づくりの鉄則』『スペシャリスト直伝！中学校社会科授業成功の極意』『続・100万人が受けたい「中学社会」ウソ・ホント？授業』シリーズ（全3冊）（以上，明治図書）他多数

【イラストレーター紹介】
山本　松澤友里（やまもと　まつざわゆり）
1982年，大阪府生まれ。広島大学教育学部卒。
東大阪市の中学校に5年勤務。
『ダジャレで楽しむタイ語絵本』（TJブリッジタイ語教室）企画・編集・イラストを担当。

100万人が受けたい！
見方・考え方を鍛える「中学地理」
大人もハマる授業ネタ

2019年8月初版第1刷刊	©著　者	河　原　和　之
2020年1月初版第2刷刊	発行者	藤　原　光　政
	発行所	明治図書出版株式会社

http://www.meijitosho.co.jp
（企画）及川　誠（校正）杉浦佐和子
〒114-0023　東京都北区滝野川7-46-1
振替00160-5-151318　電話03(5907)6703
ご注文窓口　電話03(5907)6668

＊検印省略　　組版所　長野印刷商工株式会社
本書の無断コピーは，著作権・出版権にふれます。ご注意ください。

Printed in Japan　　　　ISBN978-4-18-371213-4
もれなくクーポンがもらえる！読者アンケートはこちらから

学校現場で今すぐできる「働き方改革」目からウロコのICT活用術

新保 元康 著

+αのアイデアで日常改善!学校現場からの「働き方改革」

一人一人の仕事の効率化から、学校全体の働き方改革へ!「学校現場で今すぐできる」「ICT」という2つの視点から考える学校改善トライアル。「学校にあるものを活用」して、「仕事の流れを変える」ことで、働きやすさはこんなに変わる!目からウロコのカイゼン術。

A5判 152頁
本体 1,600円+税
図書番号 0893

主体的・対話的で深い学びを実現する! 小学校外国語『学び合い』活動ブック

通知表文例つき

西川 純・橋本 和幸・伊藤 大輔 編著

コミュニケーションあふれる外国語「学び合い」活動をナビゲート

外国語活動・外国語で、主体的・対話的で深い学びはこう実現できる!児童用シート+教師用シートの見開き2頁構成で、外国語『学び合い』活動をナビゲート。めあて+手立て、ゴールと振り返りから、対話形式の授業の流れと声かけのポイントまで。通知表コメント例つき。

B5判 136頁
本体 1,960円+税
図書番号 2839

中学地理「基礎基本」定着 面白パズル&テスト

得点力不足解消!

南畑 好伸 著

楽しく基礎基本定着!中学地理わくわく面白パズル&ワーク

子どもたちが大好きなパズル教材・ワークを面白い・楽しいだけで終わらない「基礎基本定着」をポイントとして具体化。問題を解くと見えてくる「キーワード」でポイントがおさえられる!中学地理の各単元のまとめとしても使える、面白パズル&テストが満載の必携の1冊。

B5判 136頁
本体 2,200円+税
図書番号 2849

全単元・全時間の流れが一目でわかる! 社会科 3・4年 5年 6年 365日の板書型指導案

阿部 隆幸・板書型指導案研究会 他著

板書例&ポイントがわかる!社会科365日の授業レシピ

社会科365日の授業づくりと板書例が一目でわかる!各学年の全単元・全時間の授業について①「板書」の実物例②授業のねらいと本時のポイント③「つかむ」「調べる」「まとめる」授業の流れ④つけたい力と評価のポイントまでを網羅した必携のガイドブックです。

3・4年
B5横判 168頁 本体2,400円+税 図書番号 3096
5年
B5横判 120頁 本体2,260円+税 図書番号 3097
6年
B5横判 128頁 本体2,260円+税 図書番号 3098

明治図書　携帯・スマートフォンからは 明治図書ONLINEへ　書籍の検索、注文ができます。

http://www.meijitosho.co.jp *併記4桁の図書番号（英数字）でHP、携帯での検索・注文が簡単に行えます。

〒114-0023　東京都北区滝野川7-46-1　ご注文窓口　TEL 03-5907-6668　FAX 050-3156-2790

ピンチをチャンスに変える！学級立て直しマニュアル

子どもの笑顔を取り戻す！
むずかしい学級リカバリーガイド

山田洋一 著

【図書番号2673　Ａ５判・152頁・1,900円＋税】

"学級崩壊"に正面から立ち向かい子どもを救おう！「むずかしい学級」の担任１５の心得から，効果１０倍の教科指導，効果１０倍の生活指導まで。「むずかしい学級」をよみがえらせ，子どもに笑顔を取り戻すために何ができるのか。５０のポイントをまとめた必携の１冊。

子どもの思考と成長にこだわる！「わかる」社会科授業モデル

社会科授業サポートBOOKS

思考の流れ＆教材研究にこだわる！

「わかる」社会科授業をどう創るか

個性のある授業デザイン

木村博一　編著

【図書番号3104　Ａ５判・184頁・1,900円＋税】

どうすれば社会科授業を面白く，わかりやすく出来るのか。教材研究と子どもの思考にこだわり，一人一人の成長にこだわる「わかる」社会科授業について，そのポイントから教材づくりの視点，深い学びを実現する授業デザイン，指導展開例までをわかりやすくまとめました。

明治図書　携帯・スマートフォンからは **明治図書ONLINE** へ　書籍の検索，注文ができます。▶▶▶
http://www.meijitosho.co.jp　＊併記４桁の図書番号（英数字）でHP，携帯での検索・注文が簡単に行えます。
〒114-0023　東京都北区滝野川7-46-1　ご注文窓口　TEL 03-5907-6668　FAX 050-3156-2790

＊価格は全て本体価格表示です。

小学校 新学習指導要領 社会の授業づくり

澤井 陽介 著

改訂のキーマンが、新CSの授業への落とし込み方を徹底解説!

資質・能力、主体的・対話的で深い学び、社会的な見方・考え方、問題解決的な学習…など、様々な新しいキーワードが提示された新学習指導要領。それらをどのように授業で具現化すればよいのかを徹底解説。校内研修、研究授業から先行実施まで、あらゆる場面で活用できる1冊!

四六判 208 頁
本体 1,900 円+税
図書番号 1126

中学校 新学習指導要領 社会の授業づくり

原田 智仁 著

改訂のキーマンが、新CSの授業への落とし込み方を徹底解説!

資質・能力、主体的・対話的で深い学び、見方・考え方、評価への取り組み…など、様々な新しいキーワードが提示された新学習指導要領。それらをどのように授業で具現化すればよいのかを徹底解説。校内研修、研究授業から先行実施まで、あらゆる場面で活用できる1冊!

A5判 144 頁
本体 1,800 円+税
図書番号 2866

社会科授業サポートBOOKS 小学校社会科
「新内容・新教材」指導アイデア
「重点単元」授業モデル

北 俊夫 編著

「重点単元」「新教材・新内容」の授業づくりを完全サポート!

平成29年版学習指導要領「社会」で示された「新内容・新教材」「重複単元」について、「主体的・対話的で深い学び」の視点からの教材研究&授業づくりを完全サポート。キーワードのQ&A解説と具体的な指導計画&授業モデルで、明日からの授業づくりに役立つ必携バイブルです。

A5判 168 頁
各 本体 2,000 円+税
図書番号 2148、2329

主体的・対話的で深い学びを実現する!
板書&展開例でよくわかる
社会科 3・4年 5年 6年
授業づくりの教科書

朝倉 一民 著

1年間365日の社会科授業を完全サポート!

1年間の社会科授業づくりを板書&展開例で完全サポート。①板書の実物写真②授業のねらいと評価③「かかわる・つながる・創り出す」アクティブ・ラーニング的学習展開④ICT活用のポイントで各単元における社会科授業の全体像をまとめた授業づくりの教科書です。

3・4年
B5判 136 頁 本体 2,200 円+税 図書番号 2285
5年
B5判 176 頁 本体 2,800 円+税 図書番号 2293
6年
B5判 184 頁 本体 2,800 円+税 図書番号 2296

明治図書 携帯・スマートフォンからは 明治図書ONLINE へ 書籍の検索、注文ができます。▶▶▶

http://www.meijitosho.co.jp ＊併記4桁の図書番号（英数字）でHP、携帯での検索・注文が簡単に行えます。

〒114-0023 東京都北区滝野川7-46-1 ご注文窓口 TEL 03-5907-6668 FAX 050-3156-2790